超级聊天学

戴 琦 ◎ 编著

中国纺织出版社

内 容 提 要

与人交谈，不知聊些什么好？这种烦恼肯定很多人都有，不会聊，聊不好，把握不好聊天的技巧，那就很难在社交中获取更多人的认可。

本书内容精练，语言流畅，通过通俗的故事及精彩的事例，向读者介绍了多种聊天中的技巧。这些实用有效的口才知识，一定能帮助读者更加充分地掌握说话技巧，提高语言表达能力，使大家在学习、工作、生活等方方面面都做到游刃有余。

图书在版编目（CIP）数据

超级聊天学／戴琦编著.—北京：中国纺织出版社，2017.9（2018.9重印）
ISBN 978-7-5180-3753-7

Ⅰ.①超… Ⅱ.①戴… Ⅲ.①语言艺术–通俗读物 Ⅳ.①H019-49

中国版本图书馆CIP数据核字（2017）第155167号

责任编辑：闫　星　　　　　　　　责任印制：储志伟

中国纺织出版社出版发行
地址：北京市朝阳区百子湾东里A407号楼　邮政编码：100124
销售电话：010—67004422　传真：010—87155801
http://www.c-textilep.com
E-mail：faxing@c-textilep.com
中国纺织出版社天猫旗舰店
官方微博http://weibo.com/2119887771
三河市延风印装有限公司印刷　各地新华书店经销
2017年9月第1版　2018年9月第5次印刷
开本：710×1000　1/16　印张：14.5
字数：218千字　定价：29.80元

凡购本书，如有缺页、倒页、脱页，由本社图书营销中心调换

Preface
前　言

假如你的朋友问你："你会聊天吗？"相信你一定会是一副嗤之以鼻的态度——谁不会聊天？我们每天、每时、每刻不都在跟身边的人聊天吗？天天做的事情谁不会呢？

是啊，也是这样一个道理：我们每天都在聊，与家人聊，与身边的朋友聊；上班就与同事聊，上学就跟同学聊；电话聊事情，网络聊心情……似乎嘴巴一直处于活动状态，很少停歇，为何别人还会问自己会不会聊天呢？

但是，如果朋友继续问你，你天天聊天，聊的效果怎么样呢？与人聊天，你能不能把感情聊得越来越深厚？与人聊天，你能不能让对方快速喜欢上你？与人聊天，你能不能谈成一个项目？与人聊天，你能不能让自己的讲话吸引更多听众……

或许说到这里，很多人都沉默了，是的，我们每天都在聊，可是我们聊的成果又如何呢？我们开始质疑，我们的聊天中到底有多少废话，真正有实际意义的话又有多少呢？

除此之外，还有一部分人不会聊，他们总是处于一种状态，那就是"不知聊些什么好？"于是总是什么都不开口。聊天是日常生活中最常见的交流方式，在闲暇之余，在工作之中，都可以聊天。人和人之间的交往也是从聊天开始的。如果你对聊天处于苦恼状态，万事都不愿开尊口，那你的生活将会遇到很多阻碍。

聊天是人们进行思想交流，以取得彼此的了解、信任，建立良好人际关系的一种活动，是我们实现目标、满足需求、追求梦想的重要手段之一。散文家朱自清先生曾经说过："人生不外言动，除了动就只有言。所谓人情世故，更是一半都在说话里。"这句话充分地说明了"会说话""会聊天"对于人生的重要性。

不可否认，会聊天，对于一个人的影响力极为重大。

与亲人聊天时，如果你懂得如何聊天，那你们之间的情感就会越发深厚，不会存在隔阂，可以说一家人其乐融融；如果你不懂，那你极易在言语中伤害

家人，造成不必要的争执。

与朋友聊天时，如果你懂得尊重对方，处处呵护你们的友谊，那你们的友谊将会越加长久；如果你不注意言辞，说话大大咧咧，或者不考虑他人的感受，那你极易失去一个好友，最终被孤立。

商务洽谈中，若无任何铺垫就直接谈生意，你会发现十有八九是谈不成的。此时你应该明白，并不是所有的聊天都是直奔主题的，人的感情需要铺垫，需要暖化。在进入严肃话题前轻松随意地闲聊一番，让对方对你产生好感，进而产生想进一步听下去的欲望。如此，在达成心灵沟通的基础上再进行生意谈判，就不怕达不到预期目的。

初次见面，不会聊天，怎么办？说什么好呢？见面需要称呼，所以得体的称呼语你需要想好；初次交谈会紧张，紧张是一种说话障碍，怎样克服你需要重视；开口第一句，至关重要，好的开头是成功的一半；拉近距离，语言要和善，表情要温暖，这样的开始会使气氛更融洽。

……

擅长聊天的人往往能左右逢源，一句话就可以开启一个话题；擅长聊天的人能够处事不惊，一句话就能化险为夷；擅长聊天的人总是遇到"贵人"，一句话就能创造一个机遇。而不擅长聊天的人，往往一句话说出口，众人顿时就没了兴致和胃口，致使整个交谈不了了之。

锻炼聊天技能，你既能给予也能得到有意义的资讯和愉悦的心境。那些认为自己不善言谈的人首先要做的就是消除内心的不自信。请将聊天看成是一件快乐的事情，这对于迈出聊天的第一步至关重要。如何学会聊天，怎样把聊天变得欢乐而有意义，本书会给大家进行详细的讲解。

本书内容丰富，涉及生活的方方面面，非常详细地讲述了聊天艺术对于一个人的重要意义。书中列举了很多案例，包括名人故事，也有很多现实生活场景的再现，每一个案例的背后都精心为读者传授了提升聊天能力的技巧和秘诀，实用性强。从现在开始培养自己的聊天能力吧，相信日后的你一定会成为一位名副其实的聊天高手！

编著者
2016年10月

Contents 目 录

第01章 聊天要有好口才：让任何人都能跟你聊得来 ………… 001
- 好口才，给你带来好的交际 ………………………………… 002
- 敢于开口，释放你言谈的魅力 ……………………………… 004
- 说话得体，你才能更受大家欢迎 …………………………… 006
- 会沟通，没有你办不成的事 ………………………………… 008
- 好听的话，其实人人都爱听 ………………………………… 011
- 体会生活，把话说好 ………………………………………… 013

第02章 初次见面不紧张：通过巧攀谈获取他人喜欢 ………… 015
- 得体的见面称呼语，你会说吗 ……………………………… 016
- 说话不紧张，自信方能赢取他人好感 ……………………… 018
- 细思考量第一句话，为聊天开个好头 ……………………… 020
- 好的第一印象，加速聊天的成功 …………………………… 022
- 一个微笑，提前暖化对方的心灵 …………………………… 024
- 初次见面，说话禁忌要掌握 ………………………………… 026

第03章 话语中多点赞美：这样的聊天大家都喜欢 …………… 029
- 赞美有分寸，拍马屁不可取 ………………………………… 030
- 不当面赞美，效果超乎想象 ………………………………… 032
- 陈词滥调需废弃，创意赞美惹人乐 ………………………… 035

没了真诚，赞美如讽刺般惹人厌恶 ···············037
请教，一种低姿态的赞美 ···············039
从对方得意的事入手，赞美更有效 ···············041

第04章 收获成功的聊天：你需要懂得说话的分寸和尺度 ···············045

滔滔不绝的人，易惹人反感 ···············046
喜欢揭人伤疤，小心他人记恨你 ···············048
不良口头禅，你还是少说为妙 ···············051
莫要口无遮拦，话出口后悔莫及 ···············053
为他人保守秘密，做心正口严之人 ···············055
背后说人坏话，你觉得有道德吗 ···············057

第05章 做个幽默的天使：幽默让大家越聊越兴起 ···············061

幽默，聊天中不可或缺的说话技巧 ···············062
尴尬场面，不如幽默打个圆场 ···············064
幽默，带给你更活跃的聊天气氛 ···············066
化解矛盾，你可以幽默地把话说出口 ···············069
做幽默达人，你不得不懂自嘲 ···············071
学会讲笑话，逐步培养自身幽默感 ···············073

第06章 间接拒绝把握分寸：避免在聊天中伤害对方 ···············077

拒绝之前，记得先说几句好话 ···············078
言辞委婉，这样拒绝不伤人 ···············080
面对求爱，你知道怎么拒绝吗 ···············082
说好"逐客令"，做到温暖拒绝 ···············085
说"不"的艺术，人人都需要懂得 ···············087

第07章 聊天要少说多听：倾听是对他人最大的尊重 091

倾听，人际沟通中最不可忽视的技巧 092
不打断他人说话，做个礼貌的聊天者 094
会听"言外之意"，才能掌握聊天的核心 096
少说多听，让他人对你更欣赏 099
不要一味沉默，该开口时就开口 101
让对方多说，在倾听中展现你的礼貌 104

第08章 巧用肢体语言：会看会用，才能做到眉目传情 107

会看面相，窥探对方聊天中的心情 108
习惯动作，暗藏个人心理小秘密 110
透过眼神，了解最心底的东西 113
聊天中抓耳挠腮，说明对方紧张 115
拥抱对方，让距离迅速拉近 118

第09章 套近乎有技巧：巧妙交谈拉近彼此的距离 121

拿下身边的人，你也就拿下了对方 122
热情表达，让双方聊得更亲近 124
言辞中传达出你对对方的重视 126
主动交谈，聊天中表达你的真诚 129
"投其所好"，话要说到对方心里 131
常联系，让每次的聊天更亲近一步 133

第10章 开口就要讨人喜：懂心理会寒暄才能讨人喜欢 137

为自身添光彩，你需要会说场面话 138
不懂寒暄，不易打开彼此的话匣子 140
介绍的礼仪，你需要熟练地掌握 143

　　说话真诚，让人感受到你的内心 ………………………… 145
　　多为他人着想，轻易间就可打动对方 …………………… 148
　　"谢谢"常挂嘴边，他人从心底喜欢你 …………………… 150

第11章　细节不可忽视：于细微处塑造良好形象 ……………… 153
　　不要自以为是，否则丢脸的是自己 ……………………… 154
　　谈吐优雅，让自己多一份美丽 …………………………… 156
　　不懂装懂，其实是很可笑的行为 ………………………… 159
　　让"我们"替代"我"，谈话更亲近 …………………… 161
　　聊天谨记：不可忽视对方的自尊 ………………………… 163
　　你给他人台阶下，他人才会给你台阶下 ………………… 166

第12章　说话要有重点：讲重点的话才会切中要害 …………… 169
　　说话不分场合，会降低你的素质 ………………………… 170
　　说话说重点，不要废话连篇 ……………………………… 172
　　无聊的话题，能不说就不要再说 ………………………… 175
　　会提问，才能把话说得恰到好处 ………………………… 177
　　说话不着边际，让人摸不着头脑 ………………………… 180

第13章　话不可说满：聊天说三分，防人之心不可无 ………… 183
　　说话不说满，切记三分已足够 …………………………… 184
　　谨防被嫉妒，说话处世需谨慎 …………………………… 187
　　即便是很亲近的人，说话也要注意 ……………………… 189
　　有的人真不适合你尽情地发牢骚 ………………………… 192
　　防人之心必须有，随便交心危害大 ……………………… 194

第14章　学学装糊涂：糊涂的人更容易被接纳……197
　　心机过重，终将孤立无援……198
　　会装糊涂，消除对方的警戒之心……200
　　不要计较小事，糊涂一点又何妨……202
　　懂得故意犯错，你会更加可爱……205
　　大智若愚，聪明人都懂的道理……208

第15章　顺利玩转职场：在职场中聊出更棒的自己……211
　　跟领导聊天，该如何把话说好……212
　　跟同事聊天，该如何把话说好……214
　　跟下属聊天，该如何把话说好……217
　　会为领导解围，懂得维护权威……219

参考文献……222

 超级聊天学

第01章

聊天要有好口才：让任何人都能跟你聊得来

聊天，大家都会。不管是跟家人还是朋友、同事、领导、客户……可以说我们每天都聊天。但是我们聊的内容他人喜欢吗？我们聊的内容有什么积极意义吗？我们聊的内容能让他人对我们叹服吗？想必很多人都沉默了。聊天，不是胡扯，有成效的聊天，需要有好的口才，这样你说出的话才能让人爱听，才能让更多的人愿意与你交流。好口才，给你带来更多的幸福感、成就感。

好口才，给你带来好的交际

生活中，我们每天都在聊天，一段好的聊天基本上是用口来传递语言的。所以说，想要聊得好，就需要有个好口才。好口才是成功交际的基础，如果你能把话说好，那你跟任何人都能谈得来，你的交际之路也会越走越宽广。

晏子出使楚国的故事就是一个典型的案例：

晏子出使楚国，楚国人因为他身材矮小，就在城门旁边特意开了一个小门来迎接晏子。晏子不肯进去，说："只有出使狗国的人，才从狗洞中进去。现在我出使的是楚国，不应该是从此门进去吧？"迎接宾客的人只好改道，请晏子从大门中进去。

晏子拜见楚王。楚王说："齐国没有人了吗，派遣你作为使者？"晏子回答说："齐国首都临淄人口众多，张开衣袖连在一起可以遮天蔽日，挥洒汗水就像天下雨一样，肩挨着肩，脚跟着脚，怎么能说齐国没有人呢？"楚王说："既然这样，那么为什么派你这样一个人来做使臣呢？"晏子回答说："齐国派遣使臣，各有各的主张规矩。那些贤明的人就派遣他出使贤明君主的国家，不贤、没有德才的人就派遣他出使无能君主的国家。我是最无能的人，所以就只好出使楚国了。"

还有一次，晏子将要出使楚国。楚王听到这个消息，对手下说："晏婴是齐国善于言辞的人，他即将到来，我想要侮辱他，用什么办法呢？"手下回答说："当他到来时，请允许我们绑着一个人从大王面前走过。大

王就问：'他是干什么的人？'我们回答说：'他是齐国人。'大王再问：'犯了什么罪？'我们回答说：'他犯了偷窃罪。'"

晏子到了楚国，楚王请晏子喝酒。酒喝得正高兴的时候，两个士兵绑着一个人来到楚王面前。楚王问道："绑着的是什么人？"回答说："他是齐国人，犯了偷窃罪。"

楚王看着晏子问道："齐国人本来就善于偷东西的吗？"晏子离开了坐席回答道："我听说：橘生长在淮河以南就是橘子，生长在淮河以北就变成枳，只是叶子的形状相似，它们的果实味道却不同。这样的原因是什么呢？是因为水土条件不相同啊。现在这个人生在齐国不偷东西，一到了楚国就偷东西，莫非是楚国的水土使百姓善于偷窃吗？"

楚王苦笑着说："圣人是不能随便和他开玩笑的，我反而自讨没趣了。"

在交际中，如果你想把握好谈话的主动权，如果你想让这段聊天更有成效，那你必须有一副好口才。好口才能给你的形象加分，能让你散发更大的魅力。

口才，千真万确是人类生活中最难能可贵的本领。它在外交上更是一门艺术，而且其技巧更显得高超。天生而有口才的只是少数人，而多数人的口才，则来自社会交往的训练。其实，我们可以从以下几点来锻炼自己：

1. 要敢于开口说话

敢说话，才能会说话。说话时的恐惧、胆怯心理是每个人都有的，尤其是初入社会的年轻人，总是没有勇气向别人表达自己的想法，总怕自己说得不好，让别人笑话，怕说错话、办错事。所以说，要想在交往中获得成功，就要有勇气说出来，培养自己的信心。

2. 说话要有修养

"说话没有修养的人，永远挤不进哈佛的人脉圈。"众所周知，哈佛的人脉圈是财富和地位的象征，想要进入这个圈子，没有良好的说话修养是完全没有机会的。修养本身是培养内在的承受力与胸怀，而不是把功夫都花在装腔作势上。

3. 说话要懂得随机应变

社会是不断变化的，说话场景也是不断改变的，能够学会说话变通，对自身的发展是十分有利的。假如你与人交谈时陷入了困境，不要焦虑，也不要失望，可以自我选择绕弯子说话，学会变通，巧妙地摆脱困境。

聊天密语

一个有好口才的人，他浑身散发的是一种不可思议的力量，因为不论周围的氛围是压抑还是尴尬，他都能巧妙化解，从而收获更多目光。生活中，大家都把一个人的口才能力和他的社交能力相联系，其实这是有一定道理的。

敢于开口，释放你言谈的魅力

陈露露以前是一个懂事、听话的女孩，性格比较内向、敏感。两年前读高中时，有一天路上与老师相遇，陈露露感到紧张，没有抬头和老师说话，便低着头匆匆走过。旁边有一同学看到这一情形，对陈露露说："你不和老师说话，老师刚才一直在看着你呢。"

陈露露听后深感内疚，以致第二天到学校时，不敢抬头看那位老师的眼睛。后来逐渐加重，连别的老师的眼睛也不敢直视，进而发展到连普通人的眼睛也不敢看。偶尔与别人的目光相遇，便感到特别紧张，心跳加快、全身冒汗，并认为自己的表情肯定很尴尬，会遭到别人的耻笑。从此，她走路总是低着头，唯恐看到别人的目光，不敢跟人说话，更别提在公共场合发表言论了。由于紧张、心情不安，陈露露上课无法专心听讲，学习成绩下降，结果没有考上大学。后来症状更加严重，以致不敢出门。陈露露为此感到非常痛苦，不得不求助心理医生。

每个人都有说话胆怯的心理，尤其是在一些公众场合或者一些社交场合，

更容易胆怯、腼腆，即使名人也不能免俗。因胆怯而不敢开口说话是一种正常现象，不要有过多的心理负担，我们要做的是突破自己的心理防线，迈出步子，大胆开口试着交谈，这样才能释放出自己言谈的魅力，和更多的人聊天。

李小小是一个非常老实、腼腆内向的女孩子，毕业之后，她来到一家公司上班，从事策划一职。一起工作的还有一名叫安琪的女生，安琪是个头脑很灵活的人，虽然专业知识不比李小小强，但是她玩转职场的能力却甩小小一条街。工作中，小小经常遇到一些被领导误解的事情，每次她都不敢开口解释。于是，一次次，小小成了背黑锅的专业户。有一次，小小和安琪被安排做同一个策划，领导决定从中选取一个优秀策划作为考评依据。小小做完后就放在了办公桌上，下班之后，安琪就盗用了她的主要思想，第二天一早就交给了领导。当小小提交的时候，领导勃然大怒，训斥她盗用安琪的，实在是过分。对此，小小什么也没敢说，满心的委屈。小小为此心里压抑得很，没多久就离开了公司。

不敢说话，会使你的才干被埋没，得不到领导的赏识。领导说什么，就是什么。不敢解开领导的误会，即便你的成绩被人抢走也不为人所知，你的才干永远无法充分发挥出来。没有对你工作能力的欣赏，领导是绝不会看重你的。

害怕说话，就无法突破自己，你的人际交往就会受到严重的阻碍，无论如何，我们都应该寻求办法努力克服这个问题。这里首先要求说话者客观分析自己的实际情况，找出导致说话胆怯心理的原因，然后对症下药。下面介绍几种非常简单又行之有效的方法。

1. 大声、自信地说出自己的想法

大声说话，不是说整天扯着嗓子嚷嚷，那样最终只会给人留下一种"大嗓门"的印象。大声说话，在于说话的时候要果断、清楚，不加"可能""也许""听XX说"这样不确定的语气词，没有摸脸、低头、不敢看他人眼睛这一类不自信的动作。

2. 心里默念鼓励的话语

如果你开口紧张，那你一定要懂得自我安慰，说些鼓励性的话语。比

如,"我可以""我是最棒的""说话而已,没什么大不了"……说完之后,记得深呼吸,给自己一个微笑,相信长此以往,你一定会有所改变。

聊天密语

那些不善言辞的人,究其原因主要是他们习惯只与熟悉的人交谈。与熟人聊天不但没有紧张感,还可以使用暗语和不为外人所了解的私语等,所以,当他们面对陌生环境所特有的谈话习惯和风格时,就一筹莫展了。

说话得体,你才能更受大家欢迎

我们不管和什么样的人打交道,都避免不了和对方进行言谈上的交流,在交流的过程中,说话是否得体,可以说直接关系到你的形象及语言修养问题。大家不管在什么场合,一定要尽量保持语言的得体性,只有这样,对方才会有更大的兴趣与你交谈,你的素养才会更受人赏识,才会有更多的人愿意与你交往。

王翰和陈洋是同学,都是毕业于某高校。他们同时应聘到某公司项目部。王翰平时为人不拘小节,说话没有分寸,想到什么就说什么,经常在无意之间得罪人,使得大家都不怎么喜欢他。但是,碍于陈洋在,同事们都没有说什么。项目部主任把他们分为一组,让他们去谈一个项目的合作计划。王翰和陈洋同时去了,王翰觉得自己的知识水平比较高,所以就占据了主要位置,在洽谈的过程中,他说:"这个地方的整个设计给人感觉非常世俗,充满铜臭味。"他忘记了,他们谈合作的这个地方是对方生活的地方。结果,对方说:"贵公司的设计太过高雅,我这个粗人欣赏不了。等我以后达到您的欣赏水平,再请贵公司帮我设计吧!我还有事情,你们请回。"

回到公司之后,陈洋与对方通了个电话,目的是道歉。陈洋说:"您

好，我是某公司项目部的陈洋，今天我们见过面。我先为今天我同事的言语向您道歉。其实那个地方设计的富丽堂皇，显示了住在那里的人的身份，是我们不会欣赏才对。您既然想装修，肯定是不想住在这么奢华的地方，想回归自然吧？""这边的装修确实存在问题，但是你那个同事说话欠妥当。这样吧，你过来，谈一些项目的事情吧！"陈洋仅仅通了一个电话，简单说了几句话，项目就成了。

说话不得体，你就会直接得罪对方，进而造成不必要的麻烦，案例中的王翰就是个典型的例子。与人交谈，你要注意对象，也要注意场合，更要懂得尊重。如果你言辞过于直接、犀利，那就很容易伤害对方，你在伤害对方的同时，也会影响到你自己。

英国思想家培根曾说过："说话时含蓄与得体，比口若悬河更可贵。"说话的本领几乎人人都有，可是说话得体并不见得人人都会，即便是有人知识储备比较深厚，他也不见得说起话来得体、有内涵。说话得体，很多人会觉得很难。如果你想把握其中的技巧，可以注意以下几点：

1.说话要注意对象

有些人喜欢听婉转性的话，你就应该对其说出含蓄的话；有些人喜欢听亢进性的话，你就应该对其说些激进之词；有些人喜欢听有学问的话，你就应该围绕学术话题说话……无论如何，语言必须符合听话者的口味，才能事半功倍。

2.说话要注意场合

不同的场合对语言有不同的要求，或庄严，或肃穆，或轻松，或随意，不同场合自然有不同的语言表达要求。比如，参加葬礼就要求庄严肃穆，切忌嬉笑打闹。如果你说话不注意场合，那就极易遭到他人反感，你的形象也会一落千丈。

3.说话要注意方式

批评一个孩子讲话不文明，你可以这样说："看你长得挺招人喜欢，为什么说话与之不相称呢？"这样批评，要比大声吼叫、直接指出好得多。许多言谈失败者，一片好心，却得不到好的回报，就是因为没有将说

出的话加上"好吃的糖衣"。如果你的方式过于直接,效果就相去甚远。

聊天密语

在当今社会,语言交流已成为人际交往中重要的方式之一,说话更是人际沟通中不可缺少的工具。掌握一些语言表达艺术,不断提高自己的说话水平,也是走向成功的必备能力。

会沟通,没有你办不成的事

沟通,是联系人与人之间情感的一种交际方式,它关乎思想、关乎信任、关乎情绪,关乎各个方面,可以说,一个人沟通能力的强弱对其一生都有很大的意义。沟通无处不在,不仅仅局限于生活的某一个角落,只要和外界社会接触,就不可避免地要进行沟通和交流。沟通与每个人都息息相关。学会沟通,人生之路将更畅通。

陈晓敏毕业那年,到一家外企的销售部门做销售员,这家企业的待遇非常优厚,发展前景也是一片大好。刚去公司没多久,陈晓敏就暗下决心一定要对得起这份工作,处处要求自己拔尖。年终考核时,陈晓敏的业务量在同期入职的应届生中遥遥领先,受到了领导的一致好评。不久,陈晓敏就成了整个办公室的顶尖人物,她的表现非常突出,有时她为了显示自己的能力,不惜包下一个组的工作来"单挑"。

陈晓敏表现出众,这是大家有目共睹的,但是毕竟刚来没多久,陈晓敏也算是公司的新员工,经理多次对她说:"陈晓敏呀,你真的很能干,成绩也很突出。但是你毕竟来公司不久,是否有什么不懂的地方需要我们帮助呢?"

"谢谢经理,没关系,相信我一定能做好的,请您放心!"听到经理

的称赞,陈晓敏干活儿的劲头更足了。可唯一让经理感到遗憾的是,陈晓敏工作能力虽然很强,但是有一次,她不但没有按公司的要求如期完成任务,而且还差点让公司失去一个大客户。而她失败的原因,就是不善沟通。

这个工作是经理特意让陈晓敏做的,那天,经理因为临时出差,就把一项重要的工作交给了陈晓敏,因为这项工作确实重要,经理一再强调陈晓敏展开工作之前,要先从其他同事那里了解一下客户的情况,再和客户沟通,这样更有利于工作。

过了些日子,经理出差回公司时,立刻被老板叫到办公室批评了一顿。原来,陈晓敏的工作出问题了,因为她与客户没有沟通好,导致这个大客户拒绝与他们公司的长期合作。幸好老板亲自出面,才算勉强留住了客户。

经理很惊讶,因为在他眼里,以陈晓敏的工作能力,是完全可以胜任这项工作的啊。为了弄明白原因,经理找到陈晓敏问情况,陈晓敏的一句话,让经理大失所望。

陈晓敏说:"经理,这个客户有太多毛病了,简直不可理喻,我从来没见过这样的人,我实在没有精力和他周旋下去了。"

经理说:"你不要把责任推到客户的身上,你为何不审视一下自己哪里做的不好呢?临走时我就告诉过你在沟通之前先从其他几位同事那里多了解一下客户的情况嘛!"

陈晓敏不屑地说:"不是这样的,你说的那些同事,和我一样是刚进公司的,他们的能力连我的一半都不如,我和他们说不上几句话就会吵起来的。"

听了陈晓敏的话,经理感到非常失望,他说:"对于销售而言,你光有能力是远远不够的,想要成为一个成功的销售者,你必须首先让自己成为一个沟通高手。"

半年以后,经理调离到其他岗位,陈晓敏心想:"这下付出该有回报了,我肯定是升职的不二人选。"

然而,陈晓敏并没有得到公司的提拔,公司选了一位能力明显低于她的同事。陈晓敏气不过,跑去向老板问个究竟,老板说:"这个职位需要

有团队合作精神的人，并且善于向他人学习、整合各种可以利用的资源，而不是单打独斗，所以你并不适合这个岗位。"

不会沟通，你就不会交际，做起事来就会事倍功半，麻烦许多。朋友们，沟通无处不在，沟通力就是你立足社会必备的一项技能。强大的沟通力并不是与生俱来的，但是只要大家掌握了一定的技巧和方法并加以锻炼，相信大家一定能成为一位不折不扣的沟通高手。

1. 提升自己的受欢迎度

当一个人在沟通中总是出现这样或那样的问题，怎么可能受欢迎呢？在沟通过程中，需要做到尊重对方，懂得忍让，彬彬有礼，慢慢地，就会变成一个受欢迎的人。

2. 沟通要避免攻击性

有一些人，在和他人交谈时，他们常常尖酸刻薄、咄咄逼人，带有挑衅意味。这些人争强好胜，不懂人际关系的维护。卡耐基对此说：你可能赢了辩论，可是你却输了人缘。任何咄咄逼人的话都是带有攻击性的，会让对方感觉不舒服，阻碍了愉快的、开放式的交流。

3. 沟通要懂得倾听

举例来说，在夫妻关系中，妻子往往更偏重于表达，殊不知，学会倾听是沟通畅通与否的第一步。当与丈夫产生矛盾之后，积极地倾听他的想法会有助于缓和局势，解决问题。同时，还要学会多鼓励和表扬，少训斥和责备，这样会促使对方做得更好。

聊天密语

当别人在说话时，你要直视他的眼睛，但是请别忘了还要保持微笑。微笑表示的意思就是：喜欢你，很高兴见到你。当你与人接触的时候，尽量地微笑，那会让你大受欢迎。中国有句俗话"伸手不打笑脸人"，在找人办事的时候，你的微笑能带给你意想不到的效果。

第01章
聊天要有好口才：让任何人都能跟你聊得来

好听的话，其实人人都爱听

明代才子解缙有一次陪同太祖朱元璋在金水河钓鱼，整整一上午一无所获。朱元璋十分懊丧，便命解缙写首诗。解缙犯了难：皇上没钓到鱼，已经够扫兴了，如再来一首扫兴的诗，岂不是要令龙颜大怒？但解缙毕竟才智过人，他略加思索，一首诗便脱口而出：

数尺纶丝入水中，

金钩抛去永无踪。

凡鱼不敢朝天子，

万岁君王只钓龙。

朱元璋听了，笑逐颜开，刚才的烦恼烟消云散了。

好听的话，人人都爱听。或许有些人会说，好听的话太假，不真实。但生活中，谁又会把好听的话拒之门外呢？想想看，有人说："你的眼睛怎么回事？怎么一个大一个小？"另一个人说，"哇，你的眼睛好漂亮，目光温暖而又炯炯有神。"听完这两个人说的话，你会喜欢谁？难道是第一位吗？所以说，要想别人愿意与你聊天，那就说点好听的，别总是哪壶不开提哪壶，往枪口上撞，这样只会让自己吃亏。

周六，姚晨晨去理发店剪了一个新发型。原本留了几年的披肩长发突然剪掉，变成了齐耳短发，姚晨晨一时间有些适应不过来。为此，她内心没少抱怨那个理发师，忧虑了整整一天。

没想到，周一上班的时候，同事们异口同声地称赞她新剪的短发清爽干练。在这一片赞美声中，姚晨晨对理发师的怨气也一股脑儿消失了。姚晨晨高兴地跟同事说："刚剪完这个发型时，我觉得一点儿都不是我理想中的样子，当时就想跟理发师吵一架，只是找不到发型的毛病。今天来上班，我也是一肚子的不高兴。刚进公司就碰见一位难缠的客户，还差点儿跟他发脾气。刚才听了大家的话，我感觉心情舒畅多了，觉得那个难缠的客户也没那么讨厌了。真希望天天都能听到大家的赞美！"

超级聊天学

　　一件暖烘烘的毛线衣，温暖了寒风中瑟缩的人；一句善言美语，温暖了饱受人情冷暖的世间人。人不管是坚韧还是柔弱，不管是富有还是贫困，都需要他人的关怀，而语言是最能影响人的表达方式。多说好话，能令人心感到温暖；冷言冷语，则如同利剑足以伤人。

　　正如心理学家威廉·詹姆斯说的："渴望得到赏识是人最基本的天性。"人人都需要赞美，都喜欢听好听的，因为这能给人带来力量，给人信心，同时这也是一种不可多得的拉近彼此距离的有效方法。不管是大人还是小孩，不管是普通人还是成功者，当他们听到好听的话的时候，内心都是非常愉悦的。

　　1. 多称赞他人

　　每个人都喜欢被称赞，"称赞"其实也是一种"顺着毛摸"式的爱抚。称赞什么呢？你可以称赞他的想法、见解、才能、家庭……凡是对方有可能引以为荣的事情都能够称赞，这种做法所费不多，效果却特别惊人，因此也有人把"称赞"称为"灌迷汤"。

　　2. 要把握好尺度

　　说话就好像是火把，当你在合适的时机以合适的方式说出合适内容的话时，你就像是在别人的屋子里点燃了火把，让屋子里充满光明，让别人感觉温暖；反之，你就像是在别人的屋子里点燃了火，伤了别人，也害了自己。

　　3. 武装自己的头脑

　　如果你不想做一只井底之蛙，就应静下心来努力学习，拓展自己的视野。若想说话不空洞无物，就应下决心积累大批的、雄厚的、扎实的资本，武装自己的头脑，丰富自己的说话内容，因为好口才就是一种资本。

聊天密语

　　说好听的话最能凝聚人心，这是人际交往中不可或缺的一种沟通手段，学会恰当的赞美不仅能给被赞美的人带来愉悦的心情，而且会让你受到大家的喜爱，为你事业铺平道路，让你更容易走向成功。

第01章
聊天要有好口才:让任何人都能跟你聊得来

体会生活,把话说好

生活在这个社会上,我们离不开打交道,离不开说话。我们和亲朋、陌生人、周围的一切交流,都需要用话语进行沟通。有的人说话不经大脑,总是胡说,因此,周围的人都避而远之;有的人过度沉默,不知如何交流,因此总是沉浸在自己的世界里……总之,会说话对于大家来说实在是一件非常重要的事情,如果你不会说话,那你就无法融入社会这个大圈子。

林海是一家大型广告公司的广告设计人员。因为在广告设计上颇具天分,因此,他很受领导的赏识,但最近他却遇到了一个不小的麻烦,甚至为此动了辞职的念头。

一个月前,林海所在的公司接到一单生意,客户是一家在华经营的法国企业。林海曾在法国留过学,熟悉法国人的个性和品位,因此,公司决定让林海参与这次广告推广的方案设计。带队的人是林海所在部门的经理,一同参与广告策划的成员,也是该部门的一些骨干成员。

在具体的广告设计过程中,林海发现大家与自己的想法总是格格不入。他清楚地知道这是因为大家并不熟悉法国人的欣赏品位,同时也认为大家的设计过于华丽,不仅没有体现出现代感和时尚感,反而还显得有些俗气和杂乱。

林海是个心直口快的人,他直接向部门经理提出了自己的想法。但是林海没有注意到一点,那就是当时一同参与那个项目的骨干成员都在,这让经理和那些部门骨干都感到很没面子,经理沉默了片刻,只说了一些无关紧要的话,却没有对林海的意见作出任何评价。

事后,设计团队对原先的方案进行了修改,也在一定程度上采纳了林海的意见。然而,林海本人却自此被"闲置"了。后来,公司再有大型的广告设计工作都没让林海参与。每次开会的时候,林海也基本上不再有发言的机会。尤其是公司自招聘几位设计高手后,林海的境遇变得更加糟

糕。林海开始抱怨,他也找过经理理论,但经理只是不温不火地敷衍他,因此林海也找不到任何"翻身"的机会。

其实,说话的本领并非源自天赋,不善言谈的人也能练就三寸不烂之舌,只要时常去体会、感悟生活,在说话方面加以修炼,与人交谈不莽撞,三思而后言,使自己说出的话有价值、有韵味,长此以往,便能在口才方面有所成就。我们可以从以下几点入手:

1. 具备真实、真情、真诚的态度

曾经打败过拿破仑的库图佐夫,在给卡捷琳娜公主的信中说:"您问我靠什么魅力凝集着社交界如云的朋友?我的回答是:真实、真情和真诚。"可以毫无疑问地说,真实、真情和真诚的态度是成功者的法宝,是高明者交际的妙诀。在与人聊天的过程中,你可以有自己的目的,但是请不要有失真诚,否则你会失去更多。

2. 言谈要体现自己独到的思想

说话要说一些有见解、有看法、有启发性、有建设性,能帮助别人解决问题的话。当对方因为听了你的话,感到"茅塞顿开"或是"豁然开朗",他就会心生欢喜而乐于学习。这样,你在对方心里就是一个有能力、有思想的人,大家也乐于与你聊天。

3. 言辞在精不在多

要学会说话,但是有一点要注意,那就是少说多听,不要滔滔不绝,说个不停,言辞在精不在多。一个聪明的人懂得多听他人说话,懂得在说话中作好分析总结,懂得说出一些点到关键处的话。

聊天密语

一个人拥有好口才,即便说对方不爱听的话,他也能把话说得动听,令人信服;他可以让巧言妙语俘获人心,让人心花怒放;他可以灵活变通,即便尴尬的氛围,他也能巧妙化解;他可以纾解他人情绪,让人重新振奋精神,绽放微笑……

第02章

初次见面不紧张：通过巧攀谈获取他人喜欢

与人初次交谈，你会聊天吗？你是否有这样的困惑：我不知说什么；不懂如何称呼对方；面对陌生人很紧张，不知如何开口；第一句话，不知怎么说为好；不知不觉，说了几句话就把人得罪了……第一次见面，如果话说得恰到好处，那你就会收获一段新的友情，甚至你的此次交谈对你一生都会产生影响；如果说得不好，你就会得罪对方，甚至招来麻烦。如何才能在初次见面把话说好？如何在聊天中展现自己的魅力？本章将会为大家详细讲解。

 超级聊天学

得体的见面称呼语,你会说吗

王琳今年39岁,她独自经营着一家玩偶店,整天忙着玩偶店里的生意,也没有什么闲暇时间保养自己,所以,从外表上看来,王琳的年纪显得有些大,但是王琳最厌恶的就是别人说她年龄大,叫她阿姨。

一天,王琳去批发市场批发玩偶,一个打扮时髦的小姑娘走了过来,说道:"阿姨,您是批发娃娃吗?快进来看看吧,我们这里新进了很多有趣的产品。"王琳"哼"了一声,白了那位姑娘一眼,径直往前走。而到了另一家批发商那里,一位跟上一个小姑娘年纪相仿的姑娘热情地迎了出来,说道:"姐姐,您是看玩偶吗?我这里有很多最近比较火爆的玩偶,您进来看看,肯定喜欢的。"王琳闻听心情大好,来了兴趣,这边看看,那边摸摸,最后批发了很多小玩具。

会聊天,你就很容易拉近与对方的距离;不会聊天,一句话就会把人气走。聊天之前,要会称呼对方,如果你在称呼对方的时候就把他得罪了,你还怎么指望与他深入攀谈下去呢?所以说,称呼得体对于聊天来说至关重要。

郑开阳在一家公司工作,一次,为了表示与领导亲热,他把部门经理称作"小林",结果可想而知,屡被"穿小鞋"。"哎,林经理也太小肚鸡肠了,连称呼都这么计较,不知道怎么做到经理的。"郑开阳后来跟同事聊起了此事,同事没好气儿地说:"你也是啊,人家是领导,你还这么称呼,这不是让人家没面子吗?我觉得这样做有失妥当。"

社会心理学家们认为得体的称呼能使人心情愉快,增强自信,有助

于形成亲密和谐的人际关系。而良好的人际关系又是使人精神振奋、心理健康和提高工作效率的重要条件。得体的称呼能缩短人和人之间的心理距离，使人心情舒畅。

称呼是交往中最基本的礼仪，能够体现个人的修养。称呼得当，可以拉近彼此之间的关系；冒冒失失、没大没小称呼别人的人，在社会上是不受欢迎的。那么，如何称呼才能避免尴尬？或者说，称呼对方有什么技巧可言？

1. 比较宽泛的尊称

这是指对社会各界人士在较为广泛的社交面中都可以使用的表示尊重的称呼。比如，"小姐""夫人""先生""女士""同志"等。你在不知对方其姓名与其他情况（如职务、职称、行业）时，可采用此种称呼。

2. 用职业相称

在交际生活中，有时候可以根据对方的职业进行称呼。用对方当前从事的职业进行称呼，可以表现出你对他的了解和兴趣。比如，直接称呼对方为"老师""医生""律师"等。在这种职业之前，通常是要加上姓氏或者姓名的。

3. 年龄一定要注意

见到长者，一定要呼尊称，特别是当你有求于人的时候。不能随便喊"喂""嗨"等，否则会被人讨厌，甚至发生不愉快的口角。看年龄称呼人，要力求准确，否则会闹笑话。比如，看到一位20多岁的女生就称"阿姨"，人家还没结婚，这就会使人家不高兴。

4. 注意各地习俗问题

每个人都来自不同的地区，有着不同的文化修养和宗教信仰，在称呼对方的时候一定要注意这些细节，比如，对一个南方人，就不要称呼"师傅"，因为在他们的观念里，这是出家人的专用词语。

5. 对方名字需牢记

由于自尊的需要，每个人都会重视和珍爱自己的名字，同时，也希望别人能记住和尊重它。因此，当自己的名字被别人叫到时，就认为自己受

到尊重,心理感到愉悦,对称呼自己的人怀有亲切感。如果对方告诉你他的名字,那就请你记住他,否则你就会很尴尬。

💬 聊天密语

与人打交道,你就得懂得如何称呼对方。会称呼,你才能打开交际的大门;会称呼,你才能走近对方;会称呼,你才能给人留下好印象。大家一定不要忽视称呼的重要意义,称呼不得体往往会引起对方的不快甚至恼怒,造成交往受阻乃至中断。

说话不紧张,自信方能赢取他人好感

很多人非常怕生,对于陌生人很排斥,或许因为不自信,或许因为内心胆怯,所以一直把自己封闭在自以为安全的密室里,从不敢迈出。可是,如今的社会,如果你只跟认识的人打交道,没有信心跟陌生人说话,那你就很难在社会上立足。比如,你的客户,你的相亲对象,你在朋友的聚会上见到的商业伙伴,你的远方亲戚……如果你懂得自信地与这些人攀谈,那你的人脉圈就会大很多。

宁静今年三十岁了,身边的朋友结婚的结婚,谈恋爱的谈恋爱,唯独她还是单身。这是为什么呢?主要是因为宁静太内向,不敢说话,每次与相亲对象见面,她都一直冷着脸,对方觉得她可能对自己没好感,都被她的冷漠吓跑了。

有一次,宁静又在妈妈的逼迫下去相亲了,相亲的对象是银行的一名领导,因为长期忙工作耽误了婚姻。初次见到宁静他感觉还是不错的。他们见面的地方是咖啡厅,从坐下到离开,宁静总共没说几句话。她很紧张,觉得自己年纪很大了,跟这个比自己小一岁的男生不知道说什么。聊

第02章
初次见面不紧张：通过巧攀谈获取他人喜欢

了几句后，宁静一直很冷漠，只是应付似的回应着对方，慢慢地，男生觉得很尴尬，也不知说什么好了。最后宁静随便找了个理由就离开了。其实，宁静对那个男生的印象还是不错的，感觉成熟稳重且很亲切。可是，越是喜欢她就越觉得紧张，一直用冷漠的面孔压制着自己的内心。那次见面之后，男生感觉宁静太高冷，可能不喜欢自己，于是就再也没联系。

害怕说话，你就会变得越来越自卑，越来越脱离社会，说话是一个人的本能，如果你连这个都丧失了，那你还怎么生活呢？朋友们，说话紧张是正常现象，比如面对大众，面对陌生人，但是我们是一个个独立有个性的人，我们有解决问题的能力，所以我们应该做的是解决问题，而不是一味地逃避问题。

在生活和工作中要多找机会开口，强迫自己多开口，开始可能比较难做到，但慢慢地，你会发现自己一次比一次说得好。只要掌握一定的方法，再加上多练，跟陌生人讲话紧张完全可以克服。我们可以从以下几点入手：

1. 敢正视对方

有人说过："如果你想看透一个人，就盯住他的眼睛。"不正视别人通常代表你感到很自卑；躲避别人的眼神意味着你有罪恶感，如果你问心无愧，就正视他人吧，告诉他：我很诚实，而且光明正大，此刻我毫不心虚。

2. 音量适当、语调平稳、速度适中

很多人说话时都犯过于急促的错误，说话的诀窍在于音量适当、语调平稳，速度不缓不急，此举显示你对说话的内容信心十足，利用呼吸换气时断句，可以避免许多不必要的"嗯""啊"等语病，内容显得流畅有条理。

3. 进行自我鼓励和暗示

有的人虽然在陌生人面前不太爱说话，但他们很注重自我的交流。为此，我们可以利用这一特点多对自己说说鼓励的话，告诉自己"我可以""我行"等，这样，就能让自己有勇气去面对人际交往中的困难和挫折。

4. 学会充实自己

有时人出现紧张的原因，是由于知识领域过于狭窄，或对当前发生

的事情知道得太少的缘故。假若你能经常读些课外书籍、报纸杂志、开拓视野、丰富阅历，你就会发现，在社交场合你可以毫无困难地表达你的意见。这将有助于你树立自信，克服紧张。

聊天密语

一个拥有自信心的人，他会在交际中表现得大方而有风度，他谈吐流畅，自己内在的各种能力也都能得到正常的发挥。反之，那些没有自信心的人，他们的内心就会让自己呈现出一种内在力量的缺乏，言语空洞无力，给人一种底气不足的感觉，进而自身能力的发展也会被限制。

细思考量第一句话，为聊天开个好头

在和别人进行交流的时候，通常都会遇到这种情况，不知道怎么开启话题，也不知道该怎样和对方说第一句话，吸引对方的注意。此时，第一句话就奠定了整个沟通过程的基调。第一句话说得好，就能够较为顺利地交流，达到事半功倍的效果；如果第一句话说得不好，无形中在彼此间就形成了一个障碍，丧失众多机会，不能体现自己的水平与能力，也不能使交流继续进行下去。

一天，林皓开车带着儿子庆庆去河边拉沙子。路很难走，到处都是小石块。在回来的路上，汽车被一块锋利的石头扎爆了胎，二人赶紧下车修理。可是，修车需要千斤顶，他们的千斤顶偏偏又坏掉了。没办法，林皓只好让庆庆去向别人借，但是又担心庆庆办不好自己交代的事情，就在庆庆耳边叮嘱了几句。庆庆看了看爸爸，半信半疑地朝路边的房子走去。果然，一会儿工夫，庆庆抱着千斤顶回来了，他高兴地对林皓说："爸爸，您真高明，一切都跟您说的一样。"

原来，庆庆走到一户人家的门前去敲门，开门的是个年轻小伙子。庆

第02章
初次见面不紧张：通过巧攀谈获取他人喜欢

庆一看对方不耐烦的样子就有点忐忑，但他还是按照父亲的叮嘱，笑着说道："哥哥，不好意思，这次又有事要麻烦您帮忙了。"小伙子看着眼前的这个陌生人，感到莫名奇妙："什么意思？我们不认识吧？我以前帮助过你吗？"庆庆赶紧笑着说："哥哥，是这样的，您家就在马路的边上，我一看就知道您一定帮过不少人，所以，我这次当然又有事需要您帮忙了。"小伙子听了眼前这个陌生人的话，爽快地答应说："那好吧，你说，有什么需要我做的？"庆庆将自己的来意说明之后，那个小伙子迟疑了一下。原来，他家里并没有千斤顶，可他最终还是放下了手中的活，爽快地说："别担心，没问题，你先在这里等一下，我现在就去给你借，一会儿就回来。"于是小伙子骑上摩托车到村子里挨家挨户地借，最终借到了千斤顶。

"这次又有事要麻烦您帮忙了。"就这样一句话，让一个本来很冷漠的年轻小伙子变得热情、乐于助人。一句话，说到了对方的心里，得到了对方的欢喜，陌生并不再是两个人之间的隔阂，你想要达到的目标也不再遥远。

初次见面，要想打动对方，关键看你开口的前三分钟。其实，事实就是如此，能否真正吸引一个人的注意力，第一句话十分重要，可以说它比宣传广告还要重要，甚至是价值万金。如果第一句话不能引起对方的兴趣，那么就很难继续谈下去。

那么，如何才能把第一句话说好呢？以下几点可供参考：

1. 说话要有礼貌

对陌生人表示尊敬、仰慕，是礼貌的第一表现，也更能拉近彼此之间的距离。但是，采用这种方式必须注意：要掌握好分寸，褒奖适度，不能胡乱吹捧，谈话的内容要因时因地而异。

2. 借助关系来攀认

可以通过攀认法，简单来说，就是找到能和对方联系上的事物或者交情来介绍自己。例如，"我曾经和你哥哥小王是好朋友""听说你是北大毕业的，我曾经也在北大读过书，这么说来咱们还是校友呢"等诸如此类的介绍来拉近你和对方的关系。

3. 揣摩对方的心理

说话是双向的，除了要注意说话的语言，还要注意说话的对象，如果你不会揣摩对方的心理，即使再能言善辩，别人也不买你的账。拥有口才的人会依照说话对象的不同而说不同的话。这也是为什么他们能将话说得扣人心弦的原因。

4.多让对方作肯定回答

卡耐基曾告诫人们："与人交谈，要让对方接受自己的观点，不要先讨论双方不一致的问题，而要先强调，并且反复强调你们一致的事情。让对方一开始就说'是''对的'，而不是要对方一开始就说'不'。"

聊天密语

通常来讲，对一个素昧平生的人，你想与他进行一番成功的攀谈，首先要认真说好第一名话使对方产生亲切感，可以缩短双方之间的距离，为下一步的聊天创造良好的条件。

好的第一印象，加速聊天的成功

两个人初次见面时，留给对方的第一印象非常重要。也许很多人会说："我不以第一印象来判断别人。"实际上，第一印象或多或少都会对人物的整体评价产生影响。第一印象在一个人的内心中占据很大的分量，如果给他人的印象好，那对方会愿意与你认识并进行第二次及第N次的交谈，相反，第一印象不好，对方当即就不想再见到你。

亮亮从事销售工作的时间不太长，可以说是一位新人，他的工作是销售各种防盗门窗。有一天，他到一个很有钱的客户家里推销防盗门。在此之前已经有好几位很有经验的销售人员去过，但都没有成功。经理也想借此机会检验一下亮亮的能力。

对于这样一个棘手的任务，亮亮非常紧张，想着自己刚刚入行，没

第02章
初次见面不紧张：通过巧攀谈获取他人喜欢

有经验，如何才能赢得客户的认可呢？为了让自己更自信一些，亮亮穿上了新买的衣服。当他战战兢兢地站在客户的家门口时，手脚还在不停地发抖。但最终他还是鼓起勇气按响了门铃。开门的是一位五十多岁的阿姨，阿姨听亮亮诚恳地作完自我介绍后，让他进了屋。

亮亮在客户家待了两个多小时，介绍了许多防盗门窗的安装知识，但最后那位阿姨却当场在合同上签了字，买下了价值1万元的防盗门。为什么这个阿姨偏偏选择和亮亮签单呢？那位阿姨说："这个小伙子敦厚的表现让我放心，我喜欢这个小伙子。"

亮亮凭着他的真诚和知识赢得了那位阿姨的信任，并最终谈成了这笔生意。

第一印象的好坏往往是人际交往成功的关键。如果你在对方心里留下了良好的印象，很有可能加速你成功的步伐；相反，你在别人心目中的印象很不好的话，他就不会和你合作，而你取得成功的可能性也随之降低。

"第一眼"的印象并非总是正确的，但却是最鲜明、最牢固的，并决定着双方交往的进程。一定要重视人家看你的第一眼，做一个"第一眼"让人喜欢的人，会在社交中获得成功。

第一印象对于一个人的整体形象塑造来说意义重大，如果想要对方快速喜欢上你，如果你想和对方把话深谈下去，如果你想不被他人厌恶，那就别忘了塑造一个好的第一印象。想留下好的第一印象，我们可以从以下几点加以注意：

1. 提升自身修养

一表人才，主要来自一个人的学识修养。相貌由父母的遗传决定，而修养则可以经由自己的学习来加以改变。学识丰富、内心充实、行为端庄，加上仪容整洁，不就是一表人才了吗？心一改变，外表也跟着改变，不妨试试看。

2. 恰到好处地"附和"对方

任何人都有自觉得意的事情，但是，再得意、再值得骄傲和自豪的事情，如果没有他人的询问，自己也不能主动提及。而这时，你若能适时而恰到好处地将它提出来作为话题，对方一定会欣喜万分，并敞开心扉畅所欲言。

3. 脸上时刻挂笑容

发自内心的微笑不但会给他人留下美好的印象，还会让自己显得风度翩翩、魅力十足。与之相反，有这样一种人，他们不论何时见到谁，总是面沉似水。要知道，人与人交往本是高兴的事情，谁也不愿意给自己找不痛快。如果你总是心绪不佳，那么你注定不会给他人留下什么好印象。

4. 举止大方、自然

表情、举止自然随意，不过分拘谨，使你显得自信、干练、见过世面，这会增强别人对你的信心。面带微笑，会使你显得乐观、积极，热情开朗，有一个好人缘。应避免跷二郎腿、双目游移、表情木然、身体僵硬等不良举止，这些都会给别人留下一个不好的印象。

聊天密语

我们每认识一个新朋友，都离不开首次的交往，不管跟某人认识的时间有多久，"第一次"也只有唯一的一次。第一次是最深刻的，无论后来如何改变，但还是会记住那个"第一次"。所以，对我们每个人来说第一印象是很重要的。

一个微笑，提前暖化对方的心灵

与人见面，不管你是否喜欢对方，不管你是否认可对方的观点，都不要高傲而又无情地给对方甩个冰冷的面容，相信你自己也讨厌这种态度。与人相处，请别忘了微笑，这是一种礼貌，也是一种修养。如果你冷冰冰的与人聊天，对方是很难认可你的，即使是出于某种无奈而非谈不可，在心底也对你产生了反感。试想，这样的谈话能有好结果吗？缺乏微笑的聊天是不会惹人喜欢的。

没有一个人不喜欢笑脸，也没有一个人会拒绝笑脸。一个时刻在脸

第02章 初次见面不紧张：通过巧攀谈获取他人喜欢

上挂满微笑的人，即使不是长得最美的人，也是心胸豁达、最大气、最乐观、最坚强、最有吸引力的人。

我们看一下下面这个案例：

"您好，欢迎光临××首饰专柜，请问您有什么需要吗？"顾客小月刚走进商场的首饰区就听到了一声温暖而甜美的问候，出现在小月面前的是一张洋溢着微笑的脸，那张脸上的笑容没有任何生硬和做作，清新自然、甜美温柔，能够令小月的心情立即舒畅起来。这位姑娘是谁呢？她就是很多顾客的"老朋友"——金牌导购陈晨。只要去过陈晨店里买首饰的人都知道，陈晨是一位非常开朗阳光的女孩，她待人亲切，为人和气，尤其是她那一脸真诚的微笑为她增加了不少分。为了练出这样的笑容，陈晨可是付出了很多努力，因为她想为顾客留下好的印象，让顾客感受到她的真诚，从而更好地宣传自己的品牌。陈晨不仅全面学习了导购的微笑技巧，而且每天都抓住适当的时机练习。陈晨觉得，导购接近顾客的最有效秘诀就是脸上带着真诚、自然的微笑。

"笑是人类的特权"，微笑是人的宝贵财富。微笑是自信的标志，也是礼貌的象征。人们往往会依据你的微笑来形成对你的印象，从而决定对你所需要办的事情的态度。只要我们都献出一份微笑，人与人之间的关系将会更加融洽，人与人之间的沟通也将会变得更加容易。

人们不喜欢那些忧郁、阴沉的人，正如不喜欢给予自己不好印象的画一样。每个人都本能地趋向于那些和蔼可亲、趣味盎然的人。所以，我们要让自己受人欢迎，首先要使自己显得平易近人，具有亲和力，这就要从微笑做起。

人心都是肉长的，如果你想感化对方，其实这并不需要多大的投入，很多时候，一个微笑，就已足矣，因为它带给对方的是心灵上的温暖。如果你想改变说话的效果，就先从改变那副板着的面孔、露出一个微笑开始。

1. 笑容要真诚亲切

微笑是一种愉快心情的反映，也是一种礼貌和涵养的表现。这种微笑不用靠行政命令强迫，而是一个有修养、有礼貌的人自觉自愿发出的。唯有这种笑，才是对方需要的笑，也是最美的笑。如果你的笑掺杂着做作与

虚伪，那你肯定得不到他人的喜爱。

2. 要注意场合

微笑要分清场合，如召开重要会议、处理突发事件、参加追悼大会时，就不能面带微笑。平日在运用微笑传情达意时，要真诚自然，适度得体。切不可无笑装笑、皮笑肉不笑、虚情假意地笑、偶化呆板地笑。硬"挤"出来的笑，只会大倒胃口，令人反感。

3. 微笑能让人更加自信

美国著名的推销员富兰克林·贝特格曾说："我好多年前就发觉，一个面带微笑的人将永远受欢迎。"可见，自信的微笑，代表着你值得我对你微笑。所以，无论是工作上还是生活中，记得把头抬起来，微笑着跟你的朋友或同事打招呼，以体现你的自信。

4. 微笑能温暖人们的心田

微笑就像温暖人们心田的太阳，没有一块冰不会被融化。要带着真心、诚心、善心、爱心、关心、平常心、宽容心等去微笑，别人就会感受到我们的心意，被这份心感动。微笑可以使我们摆脱窘境，化解彼此的误会，可以体现我们的自信和大度。

聊天密语

甜美而又温暖的微笑是最动人的，它比一个人高档奢华或者魅力四射的着装更吸引人的眼球，也更温暖人的内心。微笑是无声的行动，它所表示的是："我很欣赏你，很喜欢你，你令我感到开心，我很喜欢跟你聊天。"所以说，要想取得与他人交往的成功，不能缺少微笑。

初次见面，说话禁忌要掌握

初次交谈，一般是指与陌生人或新结识的朋友的第一次交谈。这是社

交谈话中的一大难关。因为与陌生人相会，双方互不了解，很难激起交谈的热情，也找不准交谈的话题，更缺少一种亲切、自然、热烈的气氛，弄不好很容易导致四目相对，局促无言，令人尴尬。所以说，把握好交谈的尺度对我们来说非常重要，因为一段交情的产生正是由此开始的。

李静在一家公司做销售，虽然工作两年半了，但是与人谈起业绩时，却常常难以启齿。原来，她的业绩经常位于人后。李静也进行过反思，但始终没有找到原因。看到其他同事都在忙各自的工作，李静又焦急又无奈。公司的部门经理根据客户反馈的信息，找到了李静业绩不高的原因，就找她谈话，暗示她与人交往时要注意自己的言行。

听了部门经理的建议，李静心里顿时明朗起来。拜访新客户时，李静精心选择了适合谈话的场所，并且准备了详细的资料和合同，在约定地点事先等候。新客户到来时，李静一改以前单刀直入的谈话方式，而是从新客户的角度出发，处处为新客户考虑，在闲聊式的谈话中让新客户感受到温暖、关怀。新客户对她的产品介绍很有好感，并表示愿意购买她销售的产品。李静趁机取出合同放在他的面前，新客户很爽快地签了字。

令李静没有想到的是，十几天后，她又签下了许多新的订单，并且都是那个新客户介绍的。这让李静再次意识到初次见面说话的重要性。从此以后，每次与人见面前，李静都会精心准备，从言行和着装上严格要求自己，力求给客户留下好印象。不久，在公司的业绩考核中，李静的业绩稳步上升，赢得了公司的销售奖。

在职场中，与人谈判其实就是一个聊天的过程，如果你不会聊，那第一面对方就把你忽略了，想要谈成一笔单子那就是不可能的事情了。所以说，我们一定要在谈话中做好准备，哪些话该说，哪些话不该说，这些都需要我们做好功课。

说话要有尺度，尺度拿捏得好，很普通的一句话，也会平添几许分量，话少又精到，给人感觉深思熟虑。而说话的尺度取决于你谈话的对象、话题和语境等诸多因素。初次交谈，一定要懂得把话说好，尽力给对方留个好印象，展现自己的人格魅力。

下面几点,大家要有所注意:

1. 问题不要问得太深

初次见面时,最好不要询问太深入的话题,尤其是他人的隐私。如果贸然提出问题,可能会造成对方的尴尬,形成交谈的障碍。所以,在与人初次交谈时,应该尽量避免谈及自己不清楚的事,以免侵犯他人隐私,引起对方不悦。

2. 不要啰唆个没完没了

话尽量简练,切忌夸夸其谈。初次见面,你肯定不想给别人留下说话啰唆的印象,这就需要我们在讲话时言简意赅,给别人留下很干练的感觉。一个干练利索的人会让人感觉非常舒服,因为他们懂得把握说话的尺度和分量,不会让人觉得疲惫。

3. 开玩笑要适度

有些人与初次见面的人聊天时会开一些玩笑,以此来活跃气氛,这当然是件好事。因为有时候开玩笑会使彼此之间没有距离感,有利于感情的交流。可是,有一点我们要注意,开玩笑一定要讲究分寸,考虑对方的接受程度,毕竟因玩笑而伤人自尊的事情是很常见的。

4. 介绍自己要巧妙

介绍自己是与对方接触的第一步,所以新颖的介绍往往可以抓住对方的心。例如,一个人叫"郝鑫",那么在介绍自己时可以说:"你好,我是郝鑫,可以给你带来好心情的郝鑫。"这样一来,对方在想这个人叫什么时,就可以联想到"好心情",然后就能很快想起来郝鑫。

聊天密语

中华民族是一个讲究礼仪的国度,没有礼仪的人是不受人敬重的。初次见面,礼仪尤其重要,因为这关乎你的整体形象。你可以热情地与对方打招呼,亲切地问候对方,或者给对方一个甜蜜的笑容,一定要礼仪到位,诚心实意而又恰到好处。

第03章

话语中多点赞美：这样的聊天大家都喜欢

著名的心理学家杰丝·雷耳说："称赞对温暖人类的灵魂而言，就像阳光一样，没有它，我们就无法成长开花。但是我们大多数的人，只是敏于躲避别人的冷言冷语，而我们自己却吝于把赞许的温暖阳光给予别人。"每个人都希望得到别人的认可，而认可的常见形态就是赞美。一般而言，听到别人的赞美，心中的满足感总是油然而生。但是，赞美之词不是随随便便说的，是有技巧的，说不好就会适得其反，那么，你知道如何赞美才会有好的效果吗？

赞美有分寸，拍马屁不可取

王阳阳陪领导去请一位重要客户的家人吃饭。餐桌前，王阳阳有意跟客户的妻子和孩子离得近些。王阳阳想，女人都爱虚荣，如果把客户的妻子夸美了，一定对他们的合作有帮助。于是王阳阳开始跟客户的妻子套近乎，一会儿说对方的头发又直又滑，一会儿夸对方的眉形很好看，一会儿赞美对方的唇膏颜色很适合她，一会儿又夸对方的皮包、衣服、鞋子，简直将对方夸得如同天上的仙女。

然而王阳阳却没有注意到客户妻子满脸的尴尬，说话明显减少。之后王阳阳觉得自己没有可夸的了，于是就去夸客户四岁大的女儿。说这孩子多么机灵可爱，多么聪慧漂亮，多么懂事等，都快说成了神童。孩子的妈妈只好用"你过奖了！你过奖了！"来应付。

当王阳阳打算继续说些什么的时候，客户的妻子却借口孩子太吵带孩子出去玩了。

一个气球再漂亮、再鲜艳，吹得太小，不会好看，吹得太大，很容易爆炸。赞美就如吹气球，应点到为止，适度为佳。因此，在赞美他人时一定要坚持适度的原则。如果过分夸张，你的赞美就脱离了实际情况，让人感觉到缺乏真诚，反而增加了别人对你的防备。

我们继续看下面这个案例：

"这人是不是有毛病！"漂亮能干的琳达走进办公室，放下包，就叫嚷道。

第03章
话语中多点赞美：这样的聊天大家都喜欢

"怎么了，谁有毛病啊？"同事乔乔很惊讶。

"就是那个罗琦。前几天入职的那个新人。我真服了她了，真是奇人。"

"不是吧？刚来就把你气到了？我看那个姑娘还行啊，嘴巴很甜，很会说话，她做错什么了吗？"

"那也有个'度'吧。今天早上上班时，碰巧和她一块儿进公司，你知道她说了些什么吗？

"怎么了？"

"她一直在说，说我皮肤好好啊，她故意的吧？我脸上起了这么多疙瘩，她还说我皮肤好？随后又说我的眉毛很好看，说我涂的唇膏很洋气，说我围巾非常显脸白，说我……从头到脚，我就站在那里听她指点，这样好，那样好，也太假了吧，真让人受不了！

也许，你的办公室就有像罗琦这样的同事，热情地赞美别人，却让别人直倒胃口。

是的，赞美是好事，赞美能拉近彼此之间的距离，但是凡事都要讲求一个度，赞美过多或者是拍马屁拍错了地方，都是一些错误的行为，不仅达不到效果，还会令人产生反感。当大家都知道你是一个虚情假意的人之后，就没有人相信你说的话了。

美国心理学家威廉·詹姆士说："人类本性上最深的企图之一是期望被赞美、钦佩、尊重。"社交场合中，赞美他人已成为一门学问，能否掌握和运用这门学问，使之符合时代的要求，这是衡量现代人的素质的一个标准，也是衡量一个人交际水平高低的标志之一。

赞美必须恰当，不要言过其实。我们应该多从对方身上寻找值得称赞或他自身感到骄傲的地方去热情赞美，如果你没把握，那最好不要开口，否则有些话会让人感到你是虚伪的，这样只会尴尬收场。避免赞美走向过度，以下几点一定要加以留意：

1. 不要抱着酸溜溜的心态

在赞美别人的时候一定要真心诚意，如果还有对别人的不服气或对别人的成绩酸溜溜的心态，不如不赞美。比如，"太好了，在失败了无数次之后，你终于成功了一回。"这样的话让对方听起来可不像是赞美，倒像是嘲讽，难免引起对方的反击。

2. 不要过于夸大，不着边际

赞美一个人要符合对方的特质，更要"确有其事""确有其因"。当众赞美别人的贡献会让别人知道他的确值得赞美，获得最好的效果。因此，赞美行为比赞美本人更能避免功利。赞美通常会带一点点夸张，但不要过于夸大，不着边际，引起别人的反感。

3. 不要赞美个没完没了

适度的赞美，会让对方听着很舒服，也会很受用，可是，过度的赞美，则会显得做作和虚伪，所以，抓住重点赞美，避免赞美之言泛滥，也是我们在赞美他人时应该注意的。如果你一直说个不停，即便是真心话，那也极易让人心烦。

聊天密语

赞美是一把"双刃剑"，能增进人际关系，赢得别人的尊重，也会破坏人际关系，被认为过于虚伪或别有用心。所以，赞美一定要恰到好处，掌握好尺度，否则，会直接影响沟通的效果。记住，恰如其分、点到为止的赞美才是真正的赞美。

不当面赞美，效果超乎想象

《红楼梦》中就曾有这么一段描写：

史湘云、薛宝钗劝贾宝玉做官为宦，贾宝玉大为反感，对着史湘云和袭人赞美林黛玉说："林姑娘从来没有说过这些混账话！要是她说这些混账话，我早和她生分了。"凑巧这时黛玉正来到窗外，无意中听见贾宝玉

第03章
话语中多点赞美：这样的聊天大家都喜欢

说自己的好话，不觉又惊又喜。结果宝黛两人互诉肺腑，感情大增。

试想一下，依照黛玉的性情，如果当面赞美她，她未必相信，或许还会说是宝玉打趣她。但是听到宝玉在背后对着他人赞美自己，黛玉却是又惊又喜，不仅相信，反而对宝玉更为信赖。这就是背后赞美的力量，它充斥着的是一份更令人信赖的真实感。

董海在一家教育培训机构工作，她的主管琳姐是一个35岁的女人，精明能干。有一次，琳姐检查之前联系厂家定做的教具样品，觉得非常不满意，无论从材质、款式、色彩还是质量上都比要求的低一个档次。送货的厂家代表却认为他们生产的东西是按照当初的标准定的，没有问题。琳姐并没有对送货人员大声斥责，而是非常冷静地将这件事圆满地处理了。

事后，目睹了全程的董海对同事小王说："琳姐就是不一般，一下子就把事情解决了。她的确是一位了不起的女性啊！什么时候我能像琳姐那样有能力、有魄力就好了！"

过了几天，琳姐将董海叫到办公室，微笑着问她："你愿不愿意接一个非常难做但是很锻炼人的项目？"董海非常惊讶，要知道，自己之前做的都是一些打杂性质的工作，这次的机遇真是一个惊喜。董海连忙说："您信任我才会考虑让我做这个项目，如果我接了这个项目，一定全力以赴！"

董海离开办公室之前，琳姐开玩笑道："放开胆子干，有什么不懂的就问我，多锻炼锻炼，你也能像我一样有魄力！"董海这才知道琳姐培养自己的原因。

不要担心你在别人面前说另一个人好话，那些好话当事者不会听见，这世上没有不透风的墙，就算赞美传不到他本人的耳朵里，别人也会因为你在背后夸奖他人而更加敬重你。背后赞一句，胜过当面夸十句。在背后说别人的好话，还能极大地体现一个人的"胸怀"与"诚实"，往往事半功倍。

为什么在背后夸赞一个人比当着他的面更容易让人高兴呢？其实，设身处地想一下，我们自己也会这样觉得，当着面会有一种被恭维的感觉，当自己听对方向第三个人夸自己的时候，那种感觉更真实。所以，人们更容易相信背后的好话，会更加欣赏那些在背后说自己好话的人。因此背后颂扬别人，比当面赞扬更为有效。

在这里，给大家介绍几种背后赞扬的方法：

1. 从第三个人口中说出你的赞美

如果有位陌生的人对你讲："某某经常与我谈起你，说你是位了不起的人！"相信你的愉悦心情一定会油然而生。也就是说，如果我们想让对方感到愉悦，就应经常在第三个人面前赞美他，这种赞美要比一个魁梧的男人站在你的面前说"我是您的崇拜者"更有效果。

2. 找出具体的事例

如果你当着一个人赞美另一个人，那赞美的点在哪，你一定要清楚，不要一味地吹嘘或者说一些"好厉害""好棒""好聪明"之类的话，否则你不仅达不到传达赞美之情的目的，还会让你面对的那个人感到厌恶，认为你是一个爱奉承的人。

3. 注意聊天的对象

如果甲和乙有矛盾，你当着甲的面赞美乙，你觉得合适吗？显然不合适。这样，甲不会听到你的赞美，乙也不会因为你背后赞美他人而对你心生好感，你也会很快成为甲讨厌的对象。所以，说话也要分人，这一点一定要注意。

聊天密语

赞美是人际关系的润滑剂，可以让你获得更多人的青睐和好感。所以，要学会赞美身边的人，更要学会在背后赞美他们。这样，就可以迅速地建立起自己的关系网，在工作中如鱼得水。

陈词滥调需废弃，创意赞美惹人乐

古时候，一个叫彭玉麟的官员，有一次路过一条狭窄的小巷。一个女子正在用竹竿晾晒衣服，一不小心竹竿掉下，正好打在他的头上。彭玉麟勃然大怒，指着女子大骂起来。

那女子一看，是官员彭玉麟，额头不禁冒出了冷汗。但她急中生智，正色地说："你这副腔调，像行伍里的人，蛮横无理。你可知彭宫保就在我们此地，他清廉正直，假使我去告诉他老人家，怕要砍了你的脑袋呢！"

彭玉麟一听这女子在夸赞自己，不禁喜气上升，而且又意识到自己的失态，马上心平气和地走了。

这位女子打到了彭玉麟的头，这是一件令当事者愤怒且令自己尴尬的事情。但是，这个女子却巧用赞美之词化解了这场矛盾，这就是赞美的力量，语言的力量。女子认出了被打的人是当地官员，却假装不认识，并借着他此时的蛮横来夸赞他的清廉正直。这既是一种背后赞美的技巧，更是一种充满创意的赞美策略，不仅化解了矛盾，还令当事人备感高兴，这其间的智慧令人佩服。

赞美要赞出新花样，这才是口才能力的表现。这个"新"字的重要性是不可小觑的。赞美要有新意才会招人喜爱，才能让受赞美者听了感觉受用。陈词滥调每个人都会背，这样的赞美会引起人的反感。要引起对方注意，让对方认同自己，就必须使用别具一格的赞美语言。

有一次，莉莉回家，路上被几个不三不四的小混混拦住了，带头的号称"龙哥"的那个人伸手摘掉了莉莉脖子上的漂亮纱巾，一副不怀好意的样子。在紧要关头，莉莉既没有惊慌失措，也没有破口大骂，而是冷静地说："我的纱巾很好看，是吗？"

"当然，你和纱巾一样美不可言。"带头的混混"龙哥"戏弄道。

这时莉莉显得更加大方、有礼，说："你一定是想仔细看看，好给你的女朋友买一条吧？她戴上一定也很漂亮。我一看就知道你不是那种随意戏弄人的人。"

"当然是这样。"混混们被莉莉的气度和语言征服了，已经有点脸红了。这时莉莉又调侃地说道："不行，我觉得你还是别买了。"

"为什么？""别人会给摘去的。"这时混混们意识到应该物归原主了，于是把纱巾还给了莉莉。

本来莉莉身陷困境，但她却临危不乱，巧用赞美获取对方欢喜，成功摆脱困境，这就是赞美的力量。没有创意的赞美，是达不到这样的效果的。

漂亮话也许人人都会说，可是能否把话说到人的心坎儿上，令人心花怒放，那就要讲究技巧了。仔细留意生活中那些巧舌如簧的人，他们对别人的恭维之词，毫不做作，既说得出人意料，却又在情理之中，让人不由得心生温暖，把他视为"知己"。那么，如何才能把话说得别出心裁，另有一番意韵呢？

1. 注意语言的新颖

赞美是所有声音中最甜蜜的一种，赞美应该给人一种美的感受。新颖的语言，是有魅力、有吸引力的。简单的赞扬也可能是振奋人心的，但是赞扬如果多次单调重复，也会显得平淡无味，甚至令人厌烦。

2. 用请教的方式凸显他人的优势

人都有"好为人师"的自大心理，所以在许多时候，以低姿态有针对性地去请教他人，以自己的普通凸显对方在该方面的优势，可以起到赞美他人的作用，恰到好处地使用此种方法，既成功地赞美了别人，又能给人留下虚心好学的好印象。

3. 从侧面多角度赞美

平铺直叙的赞美容易让人疲劳，那么不妨另辟蹊径，旁敲侧击地赞美。例如，我们可以赞美对方和谐的家庭生活、亲切的微笑以及优秀的品格等。这样肯定会使他们的喜悦倍增，远比空洞的"你真厉害"要实际得多。

第03章
话语中多点赞美：这样的聊天大家都喜欢

聊天密语

赞美是需要智慧的，泛泛的、礼节性的赞美并不能起到激发别人的作用，反而让人觉得有些虚假。只有充满诚意和新意的赞美，才能在细微之中显现真情，给对方以正面的影响，博得对方的好感。

没了真诚，赞美如讽刺般惹人厌恶

假如身边的人在你眼里是天使，那你生活的地方就是天堂；假如身边的人在你眼里都是恶魔，那你生活的地方就是地狱。看待对方，我们不妨真诚一点，给对方一些美好，一些赞美，把他们看作是天使，那自己也会更加欢乐，做人的境界也会不断提升。

张馨馨原本是位身材苗条的女士，但自从生下孩子后，身材完全走形了，致使张馨馨现在无论买什么衣服，都不像以前那样干脆，而是会反复斟酌，直到自己认为真的合适才会购买。

一次，张馨馨去一家服装店买裙子，试了很多款式，总是觉得不合适。她站在镜子前感叹道："这可怎么是好啊，简直挑不出一件适合自己的，唉……"

这时候，服装店的导购小李走上前去，笑着说："怎么了，美女，你的气质这么好，穿什么衣服都会好看的，试试这件吧，或许更适合你呢。"说着拿来一条连衣裙。

听了小李的这番话，张馨馨拿过裙子，进了试衣间，一会儿，当她出来的时候，在镜子前不断地扭来扭去，她感觉自己穿上这条裙子还真是挺合适，而且非常漂亮，脸上露出了满意的微笑。但这时候，小李又说了一句话："真的是太完美了，您瞧瞧，您身材这么好，线条这么完美，穿上这条裙子真的太漂亮了，跟电影明星似的。"

张馨馨听完，脸色马上变了，说了一句："您是不是对每个试衣服的女士都这么赞美啊？"虽然张馨馨用了一个"您"字，但小李明显听出张馨馨心中的不悦，因为她已经放下衣服，离开了专卖店。

本来小李挑选的裙子很合张馨馨的心意，但是小李却说出了不合适的赞美之词进而惹得她很不满意，随后放弃了购买。赞美别人本是一件好事，但是毫无意思甚至是脱离实际的赞美会让人心生厌恶，因为这对于他人来说是一种讽刺。所以说，如果你不会赞美，那还不如不说，以免麻烦更多。总之，如果你想得到好的赞美效果，一定要本着真诚的心态去面对他人。

真诚的、发自内心的赞美，可以搞好人际关系，使你在提升影响力的道路上畅通无阻。从一定意义上讲，赞美是一种有效的情感投资。对领导的赞美，能使领导心情愉悦，对你越发重视；对同事的赞美，能够联络感情，增强团队精神，在合作中更加愉快；对下属的赞美，能使你赢得下属的敬重，激发下属的工作热情和创造精神，协助你在事业上更好地发展；对生意伙伴的赞美，则会赢得更多的合作机会，从而获取更多的利润。如果你是一个商人，学会赞美你的顾客，就会拥有更多的回头客。

但是，要说出适当赞美的话需要经过认真思考，要让人听起来至少是合乎实际的，是实事求是的，而不是没有一点真诚可言的。如果赞美不当，别人就会怀疑你居心叵测。为了避免遭遇尴尬，赞美别人时你需要注意以下几个方面：

1. 拍马屁不叫赞美

拍马屁不叫赞美，因为那种奉承不是发自内心的。如果你经常说一些违心的话，那么，当你说真话时，人们便很难再相信你了。有很多事情值得你去真诚地赞扬，没有必要说不真心的话。

2. 有一双善于发现美的眼睛

虽然每个人都有一些公认的优点或长处，但为了体现自己的"特别关注"，我们应该尽量从细微之处赞美对方，令其产生被重视、被尊重的感觉。比如，"这点小问题其实是不用在意的，你都能重新再做一遍，你的

认真态度值得我们学习"，这会令对方有意外之喜。

3. 不要总是附和他人

对于一个事物，每个人都有自己的见解，要有自己的思想，不要总是附和着他人说话，不要听别人赞美什么你就跟着赞美什么，这样的赞美是不走心的，不仅让人听着厌烦，还会让人觉得你是个没思想的人。

聊天密语

朋友们要注意，赞美很实用，但并非人人都懂得其中的技巧。不管做什么事，都要懂得审时度势，巧妙变通，否则，即便你的心是善良的，也未必能得到他人的认可。所以，掌握一定的赞美技巧是完全有必要的。

请教，一种低姿态的赞美

在生活中，我们经常听到这样的赞美："你的手工做得太好了，怎么做出来的，能教教我吗？"如此别具一格的赞美就是请教式赞美。什么是请教式赞美呢？顾名思义，就是赞美对方的某些方面，而话语中带着请教的意味，似乎对方的优秀程度已经将其摆在了"老师"的位置上。而大多数人听到请教式的赞美，虽然表面上不作声，但其内心早已兴奋异常了。

张晓敏是一名大学毕业没多久的女生，在一家公司从事总经理秘书一职。秘书的地位在公司不算很高，但是和总经理走得最近，所以平常公司里的同事都对她特别好。因为每次总经理出门都要用车，而自己又是总经理秘书，自然这事就是自己管辖的范围了。陈玉是后勤部门的工作人员，这个人比较难相处，脾气也不太好。陈玉在公司是个老员工了，她这个人比较直，对于大家来说，她说的话就让人听着有些尖酸，平时她也不太喜欢跟周围的人打交道。虽说只是负责派车，并没有多大的本事，可每当各部门人员要车外出时，就必须向她赔笑脸，说尽好话。张晓敏本来就傲慢，更加看不惯这样的人了，心想这本来就是她的工作，为什么摆出一副趾高气扬的样子？

不满归不满，但是细心的张晓敏发现，那些平时对陈玉说三道四的人在陈玉面前却是另一副面孔，他们都以请教的姿态对待陈玉。张晓敏终于明白了职场规则。从此，她改变了对陈玉的看法，放下自己的傲慢，试着去接触陈玉，把她当作一个学习的榜样来对待。

张晓敏开始改变策略：在向陈玉订车后，并不忙于放下电话，而是和她在电话里闲聊几句；再当工作做完的时候，到办公室找陈玉聊天，诉说生活中的难题，等等。渐渐地，张晓敏跟陈玉越来越熟，她们成了无话不说的好朋友，订车对于张晓敏来说自然不再是难事。张晓敏毕业没多久，涉世未深，在很多事情上都需要前辈的指点和经验的累积才能做得更好，而陈玉就是一个很好的前辈。陈玉来公司的时间比较长，公司的领导对她也挺尊重的。对待问题，陈玉的看法比较透彻，每当张晓敏有什么不懂的地方，她都主动去请教陈玉，陈玉的看法对张晓敏来说都有极大的启发，为初来公司的张晓敏提供了不少可供学习的建议。同时，陈玉也因张晓敏对自己的尊重、赞美和敬佩感到非常高兴。

请教式的赞美一是显示了自己对于对方的爱好感兴趣，从而可以让双方产生共鸣，并打开他的话匣子；二是在请教过程中，让对方显示了自己的优越感和成就感，因此，这种赞美方式可以运用在很多场合中。如果你能很好地利用这个赞美他人的技巧，那你不仅可以丰富自己，还会收获好人缘。

但是，要注意，不是所有的请教都会起积极的作用，如果你在不合时宜的时刻做了些不合时宜的请教，那只会造成苦恼，而非欢喜。

1. 请教的内容要投对方的胃口

每个人都有自己的专长或者感兴趣的一面，如果你请教某人他熟悉的知识，那不仅提高了他，也丰富了自己。但是，如果你不分对象不分场合

地问一些对方不太熟悉，甚至压根儿都不知道的东西，那你会让场面变得很尴尬。

2. 时间一定要把握好

一位管理学大师曾说过："在一定时间内赞扬他人的次数越多，赞扬的作用就越小，对同一个人尤其如此。"因此，请教他人的时候，切记要把握好时机，要学会看对方脸色。不要在对方心情不好或者工作烦躁时请教，这等于忙上添乱。

3. 放下自己的姿态和面子

想要通过请教的方式赞美别人，那就不要端着架子，或者是用一些傲慢性的语气说话，这样的请教，只会造成矛盾和愤怒。一个能够以低姿态向他人学习的人，更懂得处事的智慧，也会获得更多人的喜爱。

聊天密语

请教是一种赞美，我们可以请教对方的专长，可以请教对方的说话技巧，可以请教对方的处事态度，真诚地请教能迅速拉近彼此之间的距离，在某种程度上，请教意味着最高的荣誉。一个能放下傲慢姿态多去请教他人的人，会成为一个更丰富的人，一个更有智慧的人。

从对方得意的事入手，赞美更有效

任何人都有自己引以为豪的事，并愿意与他人分享这份喜悦。如果你觉得某个人难相处，找不到与他接近的机会，那不妨试着从他最得意的事情入手，相信这会帮你快速打破僵局。无论与谁交谈，多谈一谈对方的得意之事，这样容易赢得对方的认同。如果恰到好处，他肯定会高兴，并对你心存好感。

谭欣是个性格爽朗的女孩，不管是亲戚朋友还是周围客户，无论对方有怎样的性格爱好，她都能很快地跟对方打成一片。她的好人缘，全在于她懂得察言观色，巧妙地找出话题，悄无声息地赞美人。

一次年终聚会上，她的上司王总因突发情况要处理，不得不暂时离开。只是，他携同爱人一起来参加，自己走了，爱人独自参加聚会，谁也不认识，显得有些冷清。王总知道谭欣能说会道，做事有分寸，就拜托谭欣关照一下自己的爱人。

王总说："谭欣，我有事需要暂时离开一下，一会儿就回来，这是我爱人，你可以称呼她颖姐，介绍你们认识一下……"

当时，谭欣被王总介绍给他的太太颖姐时，两个人是初次见面，一点儿也不熟悉。为了避免尴尬，谭欣试图寻找谈得来的话题。这时，她突然看到颖姐耳朵上戴着的耳坠，她感觉这个坠子非常漂亮，让人看着很高贵、典雅。于是，她就对王总的太太说了一句："颖姐，我看您耳朵上戴的坠子很特别，似乎并不常见。"

果然，这句话引起了王总太太的兴趣，她说："对的，这个耳坠的确不是轻易能买到的。这是我先生之前去美国的时候专门给我定做的……"谭欣的话，让她想起了关于坠子的种种往事，她的话匣子就这样打开了。

言谈之间，谭欣感觉到，王总的太太颖姐对饰品非常有研究，她便顺着这件事，赞美对方："颖姐，从你的话中我学到了很多之前不懂的东西，您对珠宝首饰的见地真深刻，也很内行。大家都说，收藏饰品也是非常考验一个人的品位的，以后在这方面我还得向您多请教呢！您可一定要收下我这个徒弟啊！"

王总的太太和谭欣相谈甚欢，全然忘了时间。待王总回来的时候，她们还在热烈地攀谈着，不知情的还以为她俩是老朋友呢。回去之后，颖姐跟王总说："谭欣这女孩真是不错，我跟她很谈得来。"

谈谈对方得意的事或对方感兴趣的事，很容易拉近彼此之间的距离。在对方讲述的过程中，你的认真倾听和不时的赞美会让对方感到更加欣喜，让聊天变得更为热烈，这个过程对对方来说是一种赞美、一种肯定、

第03章
话语中多点赞美：这样的聊天大家都喜欢

一种高度的欣赏。

赞美的力量就是这么神奇，可以让陌生人一见如故，可以让远在天边的果实唾手可得。当然，并不是说所有的赞美都能达到这样立竿见影的效果，但至少在你赞美了对方的得意之事后，能够让对方心情舒畅，从而对你产生一种亲近感。

那么，如何才能寻找到对方的得意点呢？我们可以从以下几点入手：

1. 认真观察对方的喜好

想要获取对方的信息，这就需要你仔细地观察，并正确地分析。比如，当你看到对方的房间挂了很多书法作品的时候，你就应该意识到对方是一个书法爱好者，如果这些书法作品都是他自己写的，那么他最得意的事情无非就是写字，如果是别人的，那他得意的就是收藏。

2. 提前做好打探工作

对方得意的事情要从何处去探听，仍然要另谋途径。试就你的朋友之中，有无与对方有交往的人，如果有的话，向他探听当然是最容易的。你如能留心报纸上的新闻或其他刊物，平日关注对方的得意事情，到时便可以应用。

💬 聊天密语

投其所好，这是一个非常实用的聊天技巧，它能让对方满心欢喜地与你聊下去，试想一下，如果一开始你就说些对方不感兴趣的话题，他怎么会有心情跟你深聊呢？从对方得意的事谈起，这在聊天中的重要性不言而喻，它在别人心里会起到奇妙的化学作用。

第04章

收获成功的聊天：
你需要懂得说话的分寸和尺度

不管是做人还是说话，都不要忘记一个词，那就是"分寸"。凡事失了分寸，越了那个"度"，事情就会适得其反，好事也会变成坏事。如果你想让你跟他人的聊天结局圆满，那你一定要懂得把握好说话的分寸，不要随意闯入"雷区"。该说什么，不该说什么，这都是有讲究的。要记住，一个言行谨慎的人才是一个聪明的人，才会成为一个有智慧的聊天高手。

滔滔不绝的人，易惹人反感

人们经常见到这样一个现象：聊天中，很多人特别能说，如果你跟他说会儿话，你根本没有插话的机会，渐渐地，你不再敢跟他攀谈，因为你还有很多事要做，一旦他聊起来，你就无法走开。是啊，能说会道是本事，可是凡事都有一个度，如果你说得过多，那就不会让别人敬佩，而是厌恶。

如果同别人谈话时自己一个人滔滔不绝、没完没了，不给别人说话的机会，所得到的只能是对方的厌恶。所以，我们要想让对方喜欢自己，就要给对方说话的机会，而不是你一个人滔滔不绝。

阿娇是一家专卖暖手宝的销售代表，她的销售业绩一直不是很好。

一天，组长派她去一家经销部门推销他们公司新推出的暖手宝。这家经销部门是位大客户，老板姓林。阿娇心里想：我一定要抓住这个机会。

阿娇："林老板，您好，我是××公司的业务员，大家都叫我阿娇。"

林老板："嗯，请问您有什么事情？"

阿娇："我们公司是专门生产暖手宝的，冬天快到了，您如果购进一批暖手宝，一定能够畅销的。"

林老板："是的，快冬天了，确实是一个需求，可是……"

阿娇："这一类暖手宝是我们公司新研发出来的，是通过国家质量认证机构认证的，质量非常有保障，使用安全，外形美观，非常值得拥有。"

林老板："可是我们去年购进的那一批还没有卖完……"

阿娇："先生，您的生意一向都这么好，一定能卖完的。我简单说一下，我们的暖手宝种类非常多，有情侣款的，也有可爱款的，还有定制款的，不仅质量安全，而且外形美观，绝对受欢迎。林老板，要不，您还是先看一下图片？"

林老板："嗯……"

阿娇："您看一下……"

阿娇："这是我拿过来的样品……我可以给您留一个样品，要不这样吧，我现在就给您示范一下，您可以看看我们暖手宝的保温效果和体验感觉如何。"

林老板："咱这样吧……"

阿娇："对了，我这里还有很多图片，有大家关注的内部安全结构保证材料，保证客户用着放心、舒心。你再看一看，我们公司一直致力于研发暖手宝……"

林老板："你能不能听我说一句！"

阿娇："林老板……"

林老板："行了，行了，我这里不需要暖手宝，您可以回去了。"

向客户推荐产品时，还没弄清楚客户的需求，就迫不及待地展开演说，在心理上就让客户产生反感。销售员不要一上来就慷慨陈词，应该通过各种方式了解客户的真正需求，然后有针对性地进行产品介绍。如果你一直不给对方说话的机会，你的销售工作肯定会以失败告终。

什么是好口才，你真的知道吗？我们一定要记住，说得多并不是口才好。好的口才是指一口气说个没完没了吗？好口才是指无视他人感受，忘我地发表演讲吗？好口才是指对一件琐事说上七遍八遍吗？这些都不是，这些是惹人厌烦的啰唆、唠叨。如果你还以为好口才是说得多，你还在喋喋不休，滔滔不绝，那你真的应该反省一下了。

1. 少说多听，用心听

话说多了，会显得夸夸其谈，油嘴滑舌。言多必失，祸从口出，这时最好的办法是学会静心倾听。注意听，给人的印象是谦虚好学，专心稳重，诚实可靠；认真听，能减少不成熟的评论，避免不必要的误解；善于听，能让你拥有丰富的人脉资源。

2. 简化你的行为举止

要成为魅力四射的交谈、聊天对象，并非学习新花招、刻意表现精心设计过的行为举止，或者提高你谈话的所有技能。成功的聊天也可以是"化繁为简"，你只要改掉聊天过程中一些比较令人讨厌的习惯，你就能成为"最受欢迎"的人。

3. 培养自己分析问题的能力

透过现象看本质，只有对一件事情了解透彻后，才能分清这件事情中什么是重要的、什么是不重要的、这件事的内核是什么，掌握了这些，再向别人表述时才知道要说哪些内容以及哪些内容是可以不说的。

聊天密语

的确，话多不如话少，话少不如话好。谨言慎行，乃君子之道。许多时候我们必须开口，但重要的是，要有足够的自律控制言行。语言简洁明快，即使片刻的沉思，也会使我们头脑中的思路更加清晰，说出的话更准确、有效。

喜欢揭人伤疤，小心他人记恨你

有这样一则寓言：

有位樵夫救了一只小熊，母熊对他感激不尽。有一天，母熊安排丰盛的晚宴款待了他。翌日早晨，樵夫对母熊说："你款待得很好，但我唯一不满意的就是你身上的那股骚臭味。"母熊虽快快不乐，但嘴上却说："作为补偿，你用斧头砍我吧。"樵夫照它的话做了。

第04章
收获成功的聊天：你需要懂得说话的分寸和尺度

若干年后，樵夫又遇到母熊，问："你头上的伤好了没有？""那次痛了一阵子，伤口愈合后，我就忘了。不过，那次你说的话，我一辈子也忘不了。"母熊回答说。

身体上的痛会愈合，这只是时间长短的问题，但是心理上的痛楚却是很难愈合的，有的痛甚至一辈子都无法愈合。如果你像故事中的樵夫一样说了不该说的，伤害了对方，即便你对对方有恩，但你对对方造成的伤害也是永久的。

人都要面子。人们总是尽其全力来保持脸面，为了面子问题，可以做出常理之外的事。而在知道如何注重面子之后，还必须尽量避免在公众场合使别人难堪，时时刻刻提醒自己不要做出任何有损他人颜面的事。如果你不给他人留面子，处处揭人伤疤，那你不仅容易得罪他人，自己也会陷入很多麻烦。

李小敏生性活泼，说话没有顾忌，结果养成了喜欢揭别人短处的毛病。李小敏和杨海英在同一家公司上班，两人经常在一起，所以杨海英经常成为李小敏的打击对象。

杨海英受母亲的遗传很小就开始掉头发，尽管到处求医，花了不少钱，可现在头发还是脱落得差不多了，稀疏的头发下能明显地看到一片片头皮，她不得不买假发戴上，为此，李小敏常开杨海英的玩笑，说她戴了一项"皇冠"，还建议她去给假发染色，甚至要给她梳辫子等。

杨海英一直很反感，但由于是同事，她也不好当场翻脸。有时笑笑，有时说对方两句，大多数情况下只好忍着，但心里却异常痛苦。

有一次，公司组织活动，李小敏提出要看看杨海英的"真面目"，她拒绝后，李小敏竟拉住她强行解开了她的假发，杨海英就跟李小敏吵了起来。从此，两人便彻底断绝友谊了。

李小敏老拿别人的身体缺陷开玩笑，可能她不是恶意的，但对杨海英来说却是很深的伤害。

谁都不想自己的短处被人提及。将心比心，在日常交际中，我们应该懂得回避对方的短处。所谓"打人不打脸，骂人不揭短"，要想赢得他人的尊重，要想与人和睦相处，就要多顾及对方感受，维护他人的自尊，避开言语"雷区"，千万不要戳人痛处。

避免说话戳到他人痛处，要注意以下几点：

1. 对对方有个大致的了解

只有做到既了解对方的长处又了解对方的不足，才能在交际中做到"知彼知己，百战不殆"。因为每个人都有自己的个性和习惯，有自己的需求和忌讳，如果你对交际对象的优缺点一无所知，那么就会在无意中揭了对方的短，踏进别人的"雷区"，触犯对方的隐私。

2. 尊重他人，为他人考虑

人人都有自尊，人人都爱面子，如果你随意践踏他人的尊严，你不仅会得罪当事人，你周围的人也会对你心生厌烦，因为这种行为是不道德的，是恶劣的。如果你想得到他人的尊重，那就尊重他人，如果你想得到周围人的认可，那就多为别人考虑，即便你的言行是无心的，但是你对他人造成的伤害却是实际存在的。

3. 善意地从侧面帮对方化短为长

照顾到他人面子，你可以完全从真正关心对方的角度出发，善意地为对方出谋划策，使他的短处变为长处，或者使他不为自己的短处而自卑，这样，你同样会得到别人的认可，而且还会因此得到别人的信任乃至感激。

聊天密语

大家一定要注意，不揭人伤疤是一条重要的为人处世原则，一定要深记于心。善言在口，温暖宜人，恶言在口，寒冷透骨。在评论别人的时候，说话一定要拘谨，不要心直口快，大放言论。

不良口头禅，你还是少说为妙

王亮在一家知名公司上班，公司环境好，待遇高，由于他能力很强，因此深得总经理的赏识。近段时间，公司要开展一个新项目，谁有能力拿下这个项目，谁就是升职加薪的赢家。公司不缺有能力的人，但实力超群的王亮最终还是凭借自己的实力和人气把项目拿了下来。于是总经理决定找王亮面谈，定下具体的计划方案。王亮一想到自己在众多的竞争者中拔得头筹，不免得意洋洋，有些飘飘然了。走进总经理办公室，迎面而来的是总经理的一番夸奖和鼓励，此刻的王亮更是激动万分，但是没一会儿，王亮却垂头丧气地从总经理办公室走了出来。这个项目从他手上溜走了。其实原因很简单，就是因为王亮说了一句粗话，也是他激动时爱说的一句口头禅："我靠，总经理您放心，我一定不负嘱托！"

在生活中，有些人长相不错，为人也真诚、坦率，但是有个坏习惯，平时与别人在一起，说话总带累赘或者不文明的口头禅，如"这个""那个""傻冒"等，别人听后很是反感。如果你在与人聊天的过程中总说这些不良口头禅，那你就无法给对方留下一种干净利落、文明优雅的良好形象，长此以往，对方就会很反感与你打交道。

宁宁今年28岁，不知为什么，谈了几次恋爱，她的男友过了一段时间后都不愿与她交往了。宁宁自己也挺苦闷，于是，她去问她最好的朋友小珍。小珍琢磨了很久，最后说："也许，你有几句口头禅，使对方感到不快，所以对方还没深入了解你就拜拜了。"比如，每当男孩说了某则新闻时，宁宁总是有意或无意地说："我才不信呢。"一下子就扫了他的兴，还让对方觉得宁宁不信任自己。久而久之，别人就不愿意与她说话了。

于是，宁宁有意识地努力改掉自己的那几句口头禅，比如，把"我不相信"改成充满惊奇的"真的啊？！"这句话充满好奇，又带有一种深深的信赖。对方对于这种天真热情的反应，当然会情不自禁地感到喜悦。不久，宁宁拥有了一位白马王子的爱。

说话带口头禅，这是一种很不好的语言习惯，它不仅有失风度，更有损在他人心目中树立的良好形象。尤其是那些张口就来的消极口头禅，可以说是无形中给自己带来了很大的影响。及早地去除语言中的口头禅，你就会收获更好的聊天效果。

口头禅是一种习惯性语言行为，一般而言，很多人都是在无意识情况下脱口而出的。如果自身不知如何改正，你可以求助身边的人，比如家人、朋友、同事，请他们一听到你说出口头禅，就毫不留情地当场指出，然后你及时更正，长此以往，你的口头禅也就改掉了。

如果你有以下口头禅中的一种或者是几种，那你就该注意了。

1. 无用的废话口头禅

有的人讲起话来，张口就是"这个""那个""嗯""然后""完了呢""随便"，这些口头禅纯粹是无病呻吟，不仅使语句支离破碎，而且使语言显得拖沓繁杂，令人颇为厌烦。

2. 脏话口头禅

有些人讲话时经常使用如"他妈的""我去""胡扯"或者更加粗俗不堪的语言。这种口头禅给人鄙俗浅薄、低级下流的感觉，容易给人留下非常恶劣的印象，不仅降低了自己的身份，还会令人极为厌恶反感。

3. 随便允诺的口头禅

轻诺式的口头禅，对一个人的影响很大。比如，一些并没有什么真本事的人，逢人逢事便以"有事找我""没问题""我帮你搞定"之类，都有可能既误人也误事。当别人有一天因需要真的找上门来的时候，你怎么办？当他人因你的轻易许诺而花费时间等你结果的时候，你负得起责任吗？

聊天密语

在聊天中，要想树立自己良好的聊天形象，展示独特的聊天魅力，就要坚决摒弃不良的口头禅，而用一种干净、利落、文雅的语言和人交谈。

这不仅是交际的需要,也是培养个人良好谈话修养的要求,只有这样,才能树立自己正面、积极的形象。

莫要口无遮拦,话出口后悔莫及

俗话说:"言多必失,多言必败。"聪明人都懂得谨言多听的妙处,一个看到什么就想说什么,想到什么就说什么的人,无论他多么富有才华,都算不上一个有智慧的人,口无遮拦便是他致命的弱点。有人讽刺那些喋喋不休的人像一艘漏水的船,每一个乘客都急着赶快逃离。

张强今年三十一岁了,俗话说:"三十而立",张强到了该成家的年纪,而他依然单身,以至于张强的爸妈常常催促他。

爸妈托他们的熟人王阿姨给张强介绍了个对象,让他们在休息的时候见一次面。周六这天,张强收拾利索便出发了。到了约定的餐厅后,张强发现女孩已经到了,便不好意思地说:"今天路上有点堵车,所以来迟了,对不起啊!"女孩很体谅地笑了笑,两人就算是正式见了面。

服务员为他们点完餐之后,张强便主动地介绍起自己的情况。张强说了自己的学历,工作情况,个人爱好,而女孩就一直微笑着倾听。张强说完以后,女孩慢慢地说:"我感觉你很优秀啊,那为什么到现在还是单身呢?"张强苦笑着说:"我也不知道啊,我感觉自己也没有什么明显的缺点,不知道为什么感情总是不顺利……"张强打开了话匣子,开始向女孩历数自己交往过的几个女朋友。每一个女朋友他都挑出了几个毛病,然后总结说是缘分不到,所以才没有碰上让自己满意的。女孩听着张强的诉说,只是淡淡地回应。吃完饭后,两个人礼貌地互道再见。

张强回到家后,爸妈问他对相亲女孩的感觉怎么样,张强皱着眉头说:"我对这个女孩感觉挺好的,比较合心意啊,可是一直都是我在说话,她基本不吭声,也没什么态度,我实在搞不明白她心里是怎么想的。"爸妈没办法，只能通过介绍人王阿姨探听一下女方的意思。第二天，介绍人王阿姨打来电话说："其实，那个女孩对张强印象也挺好的，觉得他比较优秀。但是女孩觉得张强和她性格可能不太合适，她觉得张强太挑剔了，说了那么多，每个交往过的女孩子似乎都有不少毛病，像他这样很难找到满意的对象。"最后，王阿姨语重心长地说："你们家张强啥都好，就是太能说了，有些口无遮拦，不该说的全说了，以后再谈对象一定要注意点儿啊。"

有时候说话切不可太直，不要以为你如实相告了，别人就会感激涕零。要知道，这种无所顾忌、率性而为的行为很可能会伤害到对方。因此，言辞委婉，尽量多考虑别人的感受，这也是一种成熟的处世方法。

"失足尚可挽回，失言无法补救。"意思是，做错事情没有关系，亡羊补牢总有机会，但如果说错话就不一样了，说出去的话如同泼出去的水，是无法收回的。我们要避免失言给自己带来麻烦，就要做到不信口开河，避免"说者无意，听者有心"，最后影响自己的形象。

那么在口无遮拦的问题上，我们该注意什么呢？

1. 学会委婉表达意思

不合时宜的言谈是很容易引起反感的，即便听起来很有道理。日常生活中很多不愉快的事多源于口无遮拦，所以学会委婉地表达自己的意思，就显得尤为重要。如果你过于直接，总是夸夸其谈，那你就很容易说错话。

2. 开玩笑要注意场合

在和人谈话的时候，适当地开一些玩笑可以让谈话气氛更加活跃，使双方之间的关系更加融洽，同时还能显示出当事者的幽默。但是如果开玩笑的时候，不注意场合，往往就会造成适得其反的效果。不分场合的玩笑是没有笑点的，只会让人尴尬，甚至破坏气氛。

3. 逢人只说三分话

俗话说："逢人只说三分话，未可全抛一片心。"做人要懂得有所保留，有些无关紧要的话可以和别人分享，有些私密的东西则要自己藏好，

不能轻易说出来，即便是最亲密的朋友、亲人、爱人，也应该有自己的私密空间，隐藏好自己的秘密。

聊天密语

说话讲分寸，你需先注意几个前提：第一，应该明白自己到底是谁；第二，要看清对方是谁；第三，自己想做什么要弄清楚。这三个前提把握好了，你才不会成为一个口无遮拦的人。把握说话的分寸，实际上就是把握交友的机遇，这样我们的人际圈之树才能更加茁壮、健康地成长。

为他人保守秘密，做心正口严之人

小雨有一个好朋友叫杨阳，两个人在同一家电子厂打工，关系非常好，几乎无话不谈。小雨还没有结婚，但已有男朋友。一天，小雨发现自己怀孕了，不敢向外人说，想到杨阳是自己的好朋友，于是就对她说了，一再要求杨阳要为她保守秘密。

可是杨阳无意地向同事说出了这个秘密，导致所有同事都用异样的眼光看小雨，小雨没想到杨阳会出卖自己，恨得咬牙切齿，但是也没有办法，只好辞职走人，再也没有联系过杨阳。

在生活里，每个人都不可避免地会听到一些秘密。当听到或者获知秘密的时候，最好的做法就是闭上自己的嘴巴。因为替别人保守秘密是一种道德。如果一个人连起码的道德都没了，怎么会受到别人的欢迎？记住，不为人保守秘密，你很快就会众叛亲离。

尼克是一家大型公司的技术部经理，能力很强，并且做事果断，有魄力，因此，老板一直很赏识他。有一天，一位来自美国的商人专门请他到酒吧喝酒。几杯酒喝下去之后，美国商人对尼克说："您能帮我个忙吗？"尼克有些奇怪，因为他们还不是很熟悉。但是尼克马上说："怎么了？"美国商人说："这段时间，我要和贵公司谈一个项目，我希望你能帮帮我，给我提供一份技术资料，这样对我的谈判会更有利。""你想什么呢？这是出卖公司机密！"尼克皱了皱眉头，显然这对他来说，有些为难。美国商人压低了声音说："你放心，虽然冒险，但是这对你来说是个很值得抓住的机会。我给你20万美元作为回报，而且我一定帮你把秘密守住，不让你受任何牵连。"就这样，当美国商人把20万美元的支票递到尼克的面前时，尼克终于心动了。

谈判中，美国商人借助尼克的资料，一直处于主动地位。同时，尼克公司损失惨重。事后，公司经过不断的调查，终于发现是尼克泄露的机密，于是便辞退了他。当时，尼克懊悔不已，本来自己拥有广阔的事业前景，却为了眼前的20万美元做出了无法弥补的错事，可谓一失足成千古恨。最终那20万美元也被公司追回，用作损失的赔偿。与此同时，业内有很多公司都知道了这件事，谁都不愿意再聘请尼克了。

在诱惑甚多的现代社会里，人们很容易因为一时不慎泄露了秘密，因此提高自己抵抗诱惑的能力，坚守自己的忠诚就显得弥足珍贵了。其实，你要明白，当你忠于自己的老板时，你最后得到的不仅仅是老板更多的信任，还有更多的收益。

人都是有秘密的，假如你知道他人的小秘密，请闭上嘴巴，哪怕对方没有叮嘱你保密，你也不要开口散播。说出去的话，总有一天会传到当事人的耳朵里，那时候你就百口莫辩了。不但你的朋友不再相信你，其他听者也会鄙视你。

那么，对于他人的小秘密，在聊天中你该如何处理呢？

1. 一开始就选择不听

当然，若不想承担保守秘密的压抑，你也可以选择不听，这是你的权利。如果有人神神秘秘地要告诉你一件事，就算是自己的朋友，也不妨坦白相告："你最好还是别告诉我啦，我害怕听秘密。"放开无谓的纠缠，彼此独立，彼此保护，也不失为一种恰当的相处方式。

2. 闲聊时不提人隐私

隐私是一种个人的收藏品，因为再好的朋友也可能由于某种原因感情破裂，让他人了解自己的隐私和主动了解他人的隐私都有很高的危险系数。为慎重起见，你应该把与隐私有关的事物拒之门外。与人交谈时，尽量不涉及隐私话题。

3. 不要多嘴打听别人隐私

不该问的别问，这其实也是在保护自己。你不问，或者你问了别人也不告诉你，这样你就不会得知某个人的或者职场上的某些机密，即使那些别有用心的人希望通过你来打探某人或者你公司的机密也无从可知。这就是对自己的一种保护。

聊天密语

朋友们，不管处于何种立场，讨论他人隐私都是不道德的。从小处讲，这会让人觉得你说话不注意，太不谨慎；从大处讲，你的整个人的素质问题都会被人质疑。总的来说，在生活中，牢记多听少说肯定没错。

背后说人坏话，你觉得有道德吗

不难见，各个角落都会有些爱凑热闹的人，他们聚在一起，窃窃私语，说这人如何，谈那人怎样，是是非非，其乐无穷。但是，这种搬弄是非，道人长短的话很容易被传到对方耳中。尤其是几经传播，原话可能已经在传播的途中被添油加醋而变得不堪入耳。其实，这种背后说人坏话、谈人是非的行为是非常不道德的，也是充满危险的，一旦事情闹大，你就无法收场，所以，大家还是少说他人的不是，多说他人的优点，做一个有道德的人。

陈莹在某家服装公司上班，如今坐上了中层领导的位置，业绩比较好，也算小有成就。最近新来了位总经理助理，名叫安妮，安妮不仅人长得漂亮，衣着更是前所未有的时尚，尽显高贵之态，倾倒办公室一片小伙子，殷勤献媚者源源不断。

陈莹因为工作关系经常要跟安妮接触，有一次因为工作的原因，两人争执起来，最后不欢而散。陈莹早就看不惯安妮媚态万千的态度，这里可是工作的地方，不是T台秀，更不是搔首弄姿的地方。陈莹一直怀疑安妮跟总经理的关系，两人不仅走得很近，而且神神秘秘。于是回到公司宿舍就开始大发牢骚，宿舍的琳达见状，忙上前安慰。陈莹的苦水找到了地方倾泻，痛诉了一番，还将安妮的"风骚"数落了一遍，说安妮就是靠脸蛋吃饭。

琳达可不是省油的灯，几天之后，安妮与总经理有一腿的传言就在办公室里传得沸沸扬扬。安妮终于知道了，一气之下找陈莹谈话，质问她为什么要这样造谣。陈莹懊悔又后悔，嘴上却说："不是我，你别栽赃。"安妮更气愤了，说："你还抵赖，抵赖也没用，你以为你说的话就找不到证人吗？还有，我现在就跟你实话实说，总经理是我的舅舅，他也知道了这件事，你背后乱嚼舌根造成的影响他非常愤怒。你必须跟我道歉，我现在要你在明天开会时当着办公室所有人的面对你背后诋毁他人造成公司乌烟瘴气的行为公开赔礼道歉，还给我名誉，不然我要把你告上法庭跟你打官司。"安妮气得上气不接下气，瞪着眼和陈莹吵了起来。安妮走后，陈莹觉得很憋屈，可是现状已经无法改变，只有懊悔再懊悔，一味地怪自己这张口无遮拦的嘴巴。可是公开道歉未免太丢面子了，打官司也会有经济损失，只好离职了。

俗话说："纸里包不住火"，若要人不知，除非己莫为，说别人的坏话，迟早都会传到别人的耳朵里，结果必将引来仇恨和报复。如果你想有个安静和谐的家庭，如果你想工作顺心，如果你想在朋友中留个好印象，那就做好自己，做一个不说人坏话，不散播流言的人！

越是弱者，越喜欢做一些背后叽叽喳喳的事情，因为这无形中恰恰

证明了一个人的无能、不坦然。背后叽喳，会让很多朋友远离自己，而且这个毛病会像慢性毒药一样，不知不觉、不痛不痒地毁了你一生。所以，千万不要背后说人坏话。

那么，我们该如何避免自己被沾染上这种背后说人坏话的不良行为呢？

1. 加强自身的修养

俗话说：害人之心不可有。背后议论别人或许可以暂时让自己放松和愉快，但却伤害了别人，是一种不道德的行为。所以，要从提高自身的道德素质开始，提高自己的文明程度，戒除"长舌妇"心理。

2. 做到入耳封存

当面对别人讲第三方坏话的时候，无论你明不明白其中的原因，你都要懂得一点，那就是"入耳封存"，同时对讲话者进行了解，如果他是一个特别喜欢背地里说人坏话的人，那么你就需要特别注意，以后在工作和交际中一定要与他保持距离。

3. 不要自以为是地评价他人

每个人都有自己做事做人的标准和原则，你看不惯，并不代表他就是错的，你就是对的，一定不要自以为是。对人指指点点、品头论足的行为并非君子所为，从某种层面来说，这种行为比他人做错事更可恶。千万不要拿自己的观点去指责别人，当你的行为构成误解甚至中伤的时候，你是要付出代价的。

聊天密语

在社会上，被人中伤是正常的事，几乎无人能逃避这种苦难。但不管怎样，我们应明白：别人是别人，我们是我们，我们不应该让自己变成自己讨厌的那类人，别人说三道四是别人的事，我们干预不了，但是我们能掌控自己，我们可以做到少听少传。大家要学着对自己说："让流言在我这里终结吧。"

第05章
做个幽默的天使：幽默让大家越聊越兴起

与人聊天，如果你一直一板一眼的平抒直述，那聊不了一会儿，对方就会感觉疲惫，感觉无趣，这就是因为缺乏了幽默的缘故。幽默是聊天中不可或缺的说话技巧，一个幽默的人更能激发对方的说话欲望，一个幽默的人更能活跃现场的气氛，一个幽默的人更懂得拉近彼此的距离，因为有了幽默，聊天会变得更加生动。那么，如何才能成为一个有幽默感的人呢？你可以从本章寻找答案。

幽默，聊天中不可或缺的说话技巧

　　幽默感是一个人最宝贵的品质之一，也是一个人精神的最高境界。不管是在家里，还是在工作、生活中，如果你具有幽默感，那么你将拥有更多的朋友，拥有乐观处世的心态，拥有一份轻松的心情。生活也将充满七彩阳光，欢声笑语。

　　刘海璐长得很漂亮，在一家公司担任公关部经理。

　　这天，刘海璐穿了一条白色的连衣裙陪同经理一起参加宴会，宴会上的刘海璐，在人群中显得十分美丽出挑。宴席之上大家有说有笑，举杯庆祝，宴席上有一位八九岁的小男孩，看见众人举杯敬酒，慌忙站了起来，一不小心把杯中果汁洒在了刘海璐洁白的套裙上……小男孩愣愣地呆站着不知所措，好像很害怕这位漂亮阿姨会责怪自己，男孩的父母忙向海璐连连道歉。刘海璐笑着对小男孩的妈妈说："没关系的。"然后刘海璐摸着小男孩的头幽默地说："你瞧阿姨衣服上的这朵花漂不漂亮啊？"男孩笑了，可爱地回答道："漂亮。"

　　男孩的父母随之也松了一口气，经理也在一旁对刘海璐投来了赞许的目光。

　　一个幽默的回答，刘海璐获得了男孩及其爸妈的感激；一个幽默的回答，刘海璐获得了经理的嘉许；一个幽默的回答，刘海璐获得了他人的敬重。这就是幽默的力量，幽默可以化解尴尬，幽默可以提升人气，幽默可以帮你塑造良好的形象。

我们继续看下面这个案例：

传说李鸿章有一个远房亲戚，胸无点墨却热衷科举，一心想借李鸿章的关系捞个一官半职。他在考场上打开试卷，竟无法下笔。眼看要交卷了，便灵机一动，在试卷上写下"我乃李鸿章中堂大人的亲妻（戚）"，指望能获主考官录取。主考官批阅这份考卷时，发现他竟将"戚"错写成"妻"，提笔在卷上批道："所以我不敢娶你。"

"娶"与"取"同音，主考官针对他的错字，来了个双关的"错批"，既有很强的讽刺意味，又极富情趣。这就是巧用幽默的好处。如果你想幽默地反击对方，不妨学习一下上面这种"一语双关"的幽默技巧。

幽默是一种无形的力量，它是人的内在气质在语言上的外化。幽默是一种简洁而深邃的表达艺术，它直达人的内心深处。幽默也是一种能力，幽默的人必定具有过人的聪明和智慧。幽默能够帮助我们在社会交往中与人建立一种和谐关系。做一个幽默的人，你的生活将会更加欢乐。

那么，该如何培养自己的幽默感呢？

1. 做一个达观的人

有人说："幽默属于乐观者和生活中的强者。"这话很有道理。幽默的谈吐是建立在你思想健康、情趣高尚的基础之上的。一个心地狭窄、思想颓废的人不会是幽默的人，也不会有幽默感。大家只有具有高尚的情操和乐观的信念，才能对一些不尽如人意的事泰然处之。

2. 要把握好说话的尺度

在幽默沟通的过程中切忌不明确目的，不掌握尺度的行为。幽默的尺度，也是幽默的支点，通常人们所运用的都是嘲讽假的丑的、颂扬真善美的道德尺度。即对幽默题材对象运用正确的道德评价，不用愚昧去嘲笑科学、不用错误的标准去攻击正确的事物。

3. 多学习他人的说话方式

俗话说："近朱者赤，近墨者黑。"多与有幽默感的人接触。可以让你在对方的潜移默化中增加幽默感。而社交活动则是你运用幽默、锻炼幽默的最佳场所。什么事情都需要在实践中增强，否则只能是空谈。

超级聊天学

聊天密语

幽默可以获得交际对象的好感。获得对方的好感是交际活动成功与否的关键之一，通常来说，大家都比较喜欢幽默感十足的人，因为整天面对一张严肃的脸对他人来说真的很累。人人都喜欢那些给他人带来欢乐的人，一个人开怀大笑，让人舒畅，而面对一张死板的脸会让人压抑，自身也会越发孤独。

尴尬场面，不如幽默打个圆场

在一辆拥挤的公交车上，有人说"不要挤了行不行，急着去赶死呀？"此话一出，车里的人反感得不得了，甚至还有人故意挤推；这时有个人说："哎呀，大家要稳住啊，我马上成相片了。"此话一出，所有人都笑了，于是大家都尽力保持姿势，避免拥挤。突然，司机的一个急刹车让一个年轻人的身躯猛地撞到一个女孩身上，女孩误会了，以为是年轻人故意使坏，骂了句："什么德行！"在当时那种场合，年轻人怎么说都是没用的，但年轻人很机灵，他大声说："美女，不对，这不是我的德行，是车的惯性。"这下，全车人又哈哈大笑起来，紧张的气氛一下缓解了，聪明的年轻人用幽默语言说明了眼前发生的事情，既让自己摆脱了窘态，也让别人明白了真相，避免了一场误会，还顾及了女孩的面子。

在我们的工作和生活中，往往会遇到许多尴尬的事情，如何使难堪得到愉快的化解，可以表现出一个人的智慧和人格魅力。一个具有幽默感并且善于用幽默的方式处理尴尬之事的人，会在交际中深受大家欢迎。

纪晓岚在编纂《四库全书》时，正值盛夏。一天，他打着赤膊坐在案前，乾隆突然驾到。衣冠不整见驾就有欺君之罪，更何况纪晓岚这副模样，他慌得连忙钻进桌子底下躲避。其实乾隆早就看到了，向左右摇手示

意，叫他们别作声，自己就在纪晓岚藏身的桌前坐下来。时间长了，纪晓岚感到憋闷，听听外面鸦雀无声，又因桌围遮挡看不见，不清楚皇上走了没有。于是低声问："老头子走了没有？"

乾隆心里又好气又好笑，故意喝道："放肆！谁在这里？还不快滚出来！"

纪晓岚无奈之下，只好爬出来跪在地上。乾隆说："你为什么叫我老头子？说不出理由来，决不轻饶。"

纪晓岚从容答道："陛下是万岁，应该称'老'；尊为君王，举国之首，万民仰戴，当然是'头'；子者，'天之骄子'也。呼'老头子'乃至尊之称。"

乾隆笑道："卿急智可嘉，恕你无罪！"

纪晓岚的口才无人不知，他口才的技巧其实也脱不了幽默。幽默和过人的智慧让他赢得了乾隆的赏识，也赢得了大家的敬重、赞许。幽默，可以说是缓解尴尬和危机的一剂良方。

幽默具有神奇的力量，能为你带来意想不到的收获。很多善于运用幽默的语言行为来处理人际关系的人，往往能够更好地消除敌对情绪，营造出融洽的气氛。幽默让你更受欢迎，使别人乐意与你接触，愿意与你共事，它是你无形的保护阀，人际交往中的润滑剂。

不管你多么智慧，生活中不可能避免尴尬，因为你永远无法准确预知未来。所以说，你需要做的就是充实自己的头脑，不断寻求好的方法来解决问题，化解尴尬。幽默是化解尴尬的一个好方法，除此之外，你还知道哪些呢？

1. 将错就错

这种方法适用于自己与他人同处尴尬的情况下。生活中如果一个人做事情不小心让两个人同处在尴尬之中，那么这时最好的办法就是将错就错，这样可以让彼此在一笑了之中化解尴尬。

2. 偷换概念

偷换概念是指把本来不同的两个概念混同起来，故意制造概念的混乱。一般而言，故意用一个意义相近的彼概念来代替此概念。如果能够巧妙地进行概念的偷换，也会达到缓解尴尬、烘托气氛的良好效果。

3. 空泛回应

现实生活中，难免被人问到禁忌之处，比如，有人问到了你的工资，可是你觉得这是个人隐私，又不好指责他，就可以说："刚刚维持生存啦""算是进入小康了"等，或者可以说："和你的差不多。"这样说话既不会得罪人，也保住了自己的隐私。

聊天密语

只要我们善于发现，生活中可以制造幽默的机会其实很多，当你懂得幽默的时候，你就能快速摆脱无奈的窘境，就能顺利打破自己失态的尴尬，就能让生活更为和谐、顺心。幽默是一个人在生活中发现快乐的特殊的品质。具有幽默感的人可以从容应付许多令人不快、烦恼，甚至痛苦悲哀的事情。

幽默，带给你更活跃的聊天气氛

幽默是日常生活中不可缺少的调味品，比如，当朋友们一块儿结伴去旅行，或者相邀聚会时，由于旅途中的疲惫和长时间静坐相对无语，一定会让人觉得沉闷难受，如果这时有人讲一个笑话，一定能改变当时的气氛，增加很多乐趣。一个人如果具备了幽默的品质，那他就会成为朋友中的开心果，朋友也会因为他的存在而感到快乐。

天宇在生活中是个现实版的幽默大师，无论什么时候都能带给身边的人欢乐。同样，在工作中，这样开朗的性格和幽默的作风，让他在公司里很吃得开。就算遇到不如意的事情，天宇也能凭借自己的幽默机智而化险

第05章
做个幽默的天使：幽默让大家越聊越兴起

为夷。

天宇在当地一家模具厂工作，这一天领导要对车间进行盘点。作为车间主要负责人的天宇对盘点事项做了详细的安排，可是因为经验不足，天宇的方法有点浪费时间，并不是一个快捷有效的方法。就在大家忙得团团转的时候，领导不知道什么时候过来了。他转了一圈后，立刻喊道："快停下来，停下来。"

大家都停下来，只见领导把天宇叫过来，大声责骂："天宇，你这是怎么搞的，这点事情都做不好，你还能做什么事啊？"受了领导的训斥，大伙儿都替天宇担心，领导这样在众人面前批评，肯定让天宇难堪，当时气氛非常严肃。

可是天宇听了领导的话，却嘿嘿一笑，一本正经地对领导作了一个揖，说："小的知道错了，请老爷明示！"

看了天宇这样搞笑的动作，听见天宇这样幽默风趣的话，领导的脾气一点儿都没有了，笑着说："你这小子，就是不长记性。"于是领导开始对天宇谆谆教导，告诉他这样盘点是不对的，并告诉他应该怎样做。

听了领导的教导，天宇不住点头，说："学生受教了，谢谢老师指点迷津。"

而领导也受了天宇的感染，说了一句"孺子可教也"，便背着手微笑着回办公室了。

幽默风趣的人往往能在别人心中留下一个好印象。生活中，学会幽默，不仅能消除人与人之间的陌生感，还能消减人与人之间尴尬的境地。诙谐、幽默，不仅会给别人带来快乐，同时这种特质还会成为你与他人沟通的助推器，打造你的魅力气场。

如果你感到场面有点尴尬，或者说气氛没有达到你的期望，那么你就要开动脑筋，用幽默风趣的话语带动现场的气氛，这样你才能与他人进行良好的沟通。在沟通的过程中，气氛是非常重要的一部分，如果现场气氛非常压抑，你就很难达到很好的沟通效果。

在一些人员比较多的地方，如果你想借助幽默来活跃气氛，那你就需要掌握一些技巧，以免说话不当造成尴尬。那么，如何展现自己的幽默是最合适的呢？

1. 避免恶作剧式的幽默

幽默的目的本是愉悦心情，而不是惩罚某个人。弗洛伊德曾说过：恶作剧就是平时压抑的情感与欲望得到的一种发泄。发泄情绪没有错，可前提是千万别伤害他人，特别是与自己关系亲密的家人和朋友。很多时候，就是那些不怀好意的恶作剧，会令你丢了所有的信任与好感。

2. 时机一定要把握好

在社交场合上，谈笑也要特别注意，应恰如其分，因地、因时均应适宜。如果大家正聚精会神地研究讨论一个具体问题，而你突然在这时插进了一句全无关系的笑话，不但不会令人发笑，反而让人觉得无趣。这样的行为又怎能调动起气氛呢？

3. 内容不要低俗

如果你用低俗的幽默话语跟人打交道，那你不仅不会得到他人的赞许，还会让人产生反感、厌恶，因为你连文明用语都不会使用，这是一种不太礼貌的行为，也不适合较多人的场合。而且，低俗的幽默还会让大家感到尴尬，不仅活跃不了气氛，还会制造新的难堪。

聊天密语

幽默的言谈方式在人际交往中非常受欢迎，往往能够达到事半功倍的效果。在如今这个时代，生活节奏越来越快，每个人都紧绷着神经，你在不经意间的一个小幽默，就可以在最短的时间给人留下最深的印象。

化解矛盾，你可以幽默地把话说出口

小李是一名推销员，有一次，他和客户约好十点见面，可是，他竟然迟到了整整十分钟。等到小李到达的时候，满屋子的人都怒目而视，抱怨他耽误了大家的时间。可是小李伸手搔了搔自己的后脑勺，"嘿嘿"一笑，不好意思地对大家说："今天实在太堵，还好我长得苗条，还能够在车缝隙中穿梭，要不然恐怕现在还见不着大家！"

大家看看小李苗条的身材，忍不住哄堂大笑起来，满屋子的乌云一下子全吹散了。

幽默，可以让互相仇视的两个人，相逢一笑泯恩仇。生活并不总是一帆风顺，也并不总会遇到自己喜欢的人。当"看不惯"占了上风的时候，请学会运用幽默的智慧之剑将冷漠斩断。真正聪明的人，总会依靠幽默把生活中的大小矛盾处理得游刃有余。

王阳经常迟到，老板忍无可忍地对他说："王阳！这是你最后一次机会，如果你再迟到，那你就直接别来了，回家好好休息吧！"

王阳一听，想："天哪，这下闹大了，丢了工作怎么活啊？一定一定不能再迟到了。"于是，连着好几天王阳都起得很早。但王阳是个典型的"夜猫子"，这天他又睡过了头，迟到了。王阳急匆匆地赶到办公室，只见屋内悄然无声，每个人都在埋头苦干，正是一幅"暴风雨前的宁静"的工作场景。一个同事朝王阳使了个眼色，示意老板生气了。果然，老板板着脸朝他走了过来。

老板走过来，还没来得及开口，王阳突然笑容满面地用双手握住老板的手说：

"您好！我是王阳，我是来这里应聘工作的。我知道半个小时之前这里有一个职位空缺，我想我应该是来得最早的应聘者，希望我能捷足先登！"说完，王阳满脸自责又充满希望地望着上司，就像个犯了错误等待大人原谅的孩子。

看着王阳那副可怜的样子，同事们再也忍不住了，开始哄堂大笑起来。老板也笑了，说："那是你的工位，去干活吧！"

幽默的人即使处于困境，也能苦中作乐；即使缺点暴露于人前，也能从容不迫地自我解嘲，而不会窘迫甚至恼羞成怒；即使别人指着自己的鼻尖怒骂，也能化解尴尬，一笑而过……

人与人之间的小战争是随时都有可能爆发的。有时候，你会不经意地说错了一句话或办错了一件事，这时你不必害怕对方对你怒气冲冲，不必掩饰自己的恐惧，更用不着兴师动众地转移目标，只要静下心来讲一个有关过失的小幽默就可以了。

幽默的力量很神奇，如果可以恰当地运用，它将起到力挽狂澜的作用。所以，不妨尝试着用幽默去化解生活中的摩擦，让生活多一些欢笑，少一些埋怨！

1. 语言表达要充满善意

友善的幽默表达的是人与人之间的真诚友爱，它能拉近人与人之间的距离，填平彼此之间的鸿沟，是和他人建立良好关系的不可缺少的举措。当一个人与他人关系紧张时，即使在一触即发的时候，幽默也可以使彼此摆脱不愉快的窘境，消除彼此之间的矛盾。

2. 把握好说话时机

幽默处理矛盾也要注意时机，一般情况下，正在发脾气的人，由于火气上升，有时候会丧失理性。在这个时候，如果你保持安静，不去惹他，他就可以慢慢地恢复平静。当对方在谩骂不休之时，你千万不要抱薪救火，故意去逗他，只有这样他暴怒的火焰才会慢慢熄灭。

3. 注意自身涵养

一个有涵养的人，才能在关键时刻少些鲁莽，才能真正体谅、宽容别人，才能不因眼前的小事斤斤计较。所以说，要想做一个幽默的人，你就要在平时多多注意提升自己的涵养，多进行一些息怒训练，尝试用自己的理智和幽默来化解矛盾。

聊天密语

在生活中，很多时候我们都不可避免地要面对别人的种种攻击，一些故意伤害性的攻击，往往使我们陷入尴尬的境地。这时的方法之一便是幽默，因为幽默中充满智慧和人情味，能更好地表达自己的不满，又让对方抓不住把柄。

做幽默达人，你不得不懂自嘲

幽默，是一种语言艺术，而且是聪明的人更能顺手拿捏的艺术，那幽默的最高境界又是什么呢？不妨直接告诉大家，是自嘲。当一个人处境困难或者陷于尴尬的境地时，如果能够巧妙运用"自嘲式幽默"，就可以化险为夷，渡过难关，还能在无伤大雅的情形中处理好问题。

美国总统福特上大学的时候是一名橄榄球运动员。62岁那年，他入主白宫，身体依然健壮结实。成为总统之后，他依然保持运动，一有时间便去滑雪、打高尔夫球和网球。

1975年5月，福特访问奥地利。飞机抵达萨尔茨堡，当福特走下航梯时，皮鞋碰到一个隆起的地方，脚一滑就跌倒在跑道上。幸运的是福特并没有受伤，他站了起来。不过记者并没有放过他，他们把福特跌跤当成了一个大新闻，纷纷大肆报道。

更糟糕的是，在同一天里，他在丽希丹宫被雨淋湿的长梯上滑倒了两次，这当然也没能逃过记者的眼睛。因此，一个这样的传说就散播了出去：福特总统笨手笨脚，行动不灵敏。更有甚者，当时哥伦比亚广播公司发出了这样的报道："我们一直在等待着总统撞伤头部，或者扭伤胫骨，或者受点轻伤之类的来吸引读者。"

不仅如此，电视节目主持人也开这位总统的玩笑。喜剧演员切维·蔡斯甚至在"星期六现场直播"节目里模仿总统滑倒和跌跤的动作。

面对这种尴尬的情况，如果换作其他人可能早就暴跳如雷了，但是福特总是一笑了之。1976年3月，他还在华盛顿广播电视记者协会年会上和切维·蔡斯同台表演。当时蔡斯表演的节目就是模仿福特摔倒的动作。当乐队奏起"向总统致敬"的乐曲时，蔡斯跌倒在歌舞厅的地板上，从一端滑到另一端，头部撞到讲台上。

这个滑稽的表演让每个人都捧腹大笑，福特也不例外，他还说："我被你们的热情'倾倒'了。"结果又是哄堂大笑。福特的自嘲让人们忘了嘲笑这位总统，反而感受到了他亲民的作风。

人际交往中，在人前蒙羞，处境尴尬时，用自嘲来摆脱窘境，不但能很容易找到台阶，而且多会产生幽默的效果。所以说自我解嘲是很高明的一种脱身手段。就这份气度和勇气，别人也不会让你孤独自笑，一般会陪你笑上几声的。

自嘲是一种别样的搞笑，善于自嘲的人也是深谙幽默之道的口才艺术家，他们往往有着良好的修养。试想，如果面对突如其来的意外，遮遮掩掩，那么你给人留下的印象会大打折扣；但如果顺着这个话题大做文章，就地取材，则会给人留下深刻的印象，更加受人欢迎。

1. 懂得自知和自爱

自知是指自我判断、自我认定和自我评价。如果一个人不能了解自己，便会盲从，难免闹笑话、出洋相，而只有接纳自己、爱惜自己、重视身心健康、珍惜自己品德和荣誉、能够自爱的人，才能用适度的自嘲替自己解围并保护自己。

2. 注意点到为止

自嘲具有"嘲人"的刺激作用，运用时应格外慎重。通常情况下，应是"点到为止"，让人意会即可，不能一味放纵，喋喋不休。如同用过量的卤水点豆腐，会使豆腐变得苦涩一样，过分的自嘲，也会导致交际出现危机。

3. 不计较生活小事

如果事事放在心上，那么一个人的心该有多累。谁都难免遇到小尴

尬，出一点小丑，但是那又怎样呢？不必要的地方一笑置之不就可以了吗？如果刻意在乎，那就是在自己的伤口上撒盐，能不难受吗？

4. 记得保持微笑

心理学研究表明：情绪与人的表情有关，如果你做出高兴的表情，就会增加身体内部相关激素的分泌，从而加强高兴的情绪反应，使你真的高兴起来。所以，当你遇到难堪的场面时，即使一时说不出话来也要保持微笑。微笑可以缓解紧张，让你更加从容镇定。

聊天密语

幽默自嘲也是一种人际交往中的智慧，在我们面对人生中的尴尬与矛盾的时候，不妨使用自嘲的方式，幽默的语言，让人一笑置之，将尴尬化解于无形，让人际关系更加和谐，达到出现"山重水复疑无路，柳暗花明又一村"的境界。

学会讲笑话，逐步培养自身幽默感

林语堂说："没有幽默滋润的国民，其文化必日趋虚伪，生活必日趋虚伪，思想必日趋迂腐，学必日趋干枯，而人的心灵必日趋顽固。"幽默，是人们生活中不可或缺的一部分，它的地位不可小觑。但一个人的幽默感该如何培养呢？其实，说笑话就是培养幽默感的一条有效途径。一个人学会说笑话，也就具备不少幽默素质。

在一次酒宴上，小王和小李因琐事争吵起来，当时局面很紧张，不论大家如何劝解，问题始终无法解决。这时，擅长调解矛盾的陈哥就借题发挥，讲了一个笑话："一个人救了上帝的天使，上帝为了报答他，就问：'你有什么愿望吗？'"那个人想了想说："猫有九条命，那您赐给我九条命吧！"于是上帝满足了他的愿望。一天，那个人闲着无聊，想想说，去死一次算了，反正有九条命呢。就躺在铁轨上，任由火车开过去，结果那人还是死了。这是为什么呢？"小王和小李听了这个故事也觉得有趣，就停下来想听个究竟。陈哥接着说："因为那列火车有10节车厢。"

听了这则笑话，刚才正在争吵的小王和小李也情不自禁地笑了起来，紧张的气氛一扫而光。陈哥所讲的笑话不仅化解了当场的矛盾，还让大家感到愉悦，酒桌上的人顿时对陈哥肃然起敬，内心十分佩服，于是，酒桌上恢复了一开始的欢乐气氛。

会讲笑话是一个人幽默感的体现，而利用笑话巧妙解决问题、处理尴尬更是一个人智慧的彰显。但是讲笑话也不是平平淡淡讲出来就有效的，这也需要一定的语言技巧，否则，你就无法给人带来欢乐。

那是一个老得掉牙的笑话，说的是一个有些结巴的人，在商店买东西，在看到汽水之后，对销售员说："汽、汽……"销售员以为他要买汽水便打开了。没想到对方说出的是不要汽水。

盈盈是一个非常外向的女孩，平日里总是大大咧咧、嘻嘻哈哈，她有一个很大的兴趣，那就是给人讲笑话。中午大家一起出去吃饭，吃完饭回公司的路上盈盈就跟几个同事闲聊，突然间想起了这个笑话，便讲了出来。盈盈不愧是一个讲笑话的高手，她在讲述这个笑话时，有时漫不经心，有时却又突然间语速加快，特别是在讲到"汽、汽……我不要汽水"时，逗得大家哈哈大笑。

小语是盈盈的同事，她也被盈盈讲的笑话深深吸引了，觉得特别有意思。下班回家，小语便跟老公讲了这个笑话。出乎她的意料，小语的老公没有任何反应。小语感到很纳闷，想不出来，为什么同样的笑话，自己讲时别人听起来会觉得索然无味呢？小语或许不知道，所有的原因都在于，她在讲笑话时，说话平平稳稳，没有任何的节奏变化。

说笑话是讲究技巧的，如果你在谈笑中把话说得过于平淡，那你就很难达到预期的幽默效果，同时，你也会因为自己讲出的无效的笑话感到尴尬、无趣。其实，讲笑话培养幽默感不仅需要语速、节奏方面的技巧，在

语言表达、态度等方面大家需要注意的还有很多。如果你能把讲笑话的尺寸拿捏好了，那你的幽默感就会慢慢提升了。

1. 尺寸要把握好

在生活中，不少人在开玩笑时往往把握不好分寸，结果弄得彼此很尴尬，不欢而散，影响了彼此的感情。其实，不是在任何场合都可以随便开玩笑。玩笑应在某些特定的场合和条件下发挥，并一定要注意一些原则和禁忌。

2. 不要太矫揉造作

讲笑话要真实自然，而不能矫揉造作。如果你整天冥思苦想怎样才能引人发笑，这样就有些牵强附会，讲得不自然，缺乏真实感，结果弄巧成拙，使人啼笑皆非。这种笑话不可讲。

3. 避免触犯他人忌讳

古人认为，装腔作势、刺人隐私、笑里藏刀、指桑骂槐、牵强附会、含糊其辞等，均为讲笑话之大忌。这样讲出的笑话，不仅达不到幽默、解颐的目的，还往往使人哭笑不得。所以大家最好不要触犯这些忌讳。

4. 冷场要自我救急

讲笑话要注意的是，当你讲一半时，却无一人发笑，你此刻只好捧自己的场，自己纵声大笑，这样，才不会出现冷场的气氛。当你采取一个救急措施的时候，对方也会因为你当时的可爱举动而大笑一场。

聊天密语

也许大家都有这样的体会，面对某一会场的紧张严肃，一个笑话，立马会让气氛活跃，人心轻松；对于两人的交谈，一个笑话，会让对方开怀大笑，有笑声的交流，感情也会迅速升温。无论如何也不要忘了，讲笑话，是当今社会交往中不可缺少的艺术。

第06章

间接拒绝把握分寸：避免在聊天中伤害对方

生活中，我们经常接触一个词，那就是"拒绝"。面对自己无力做的事情，面对自己勉强的处境，面对自己不喜欢的人或事，你会拒绝吗？很多人都会说"不"，因为他们不好意思，他们怕得罪对方，他们怕尴尬……可是，无形中，他们也给自己造成了很大的心理负担，因为自己不懂拒绝，他们在默默承受。其实拒绝是可以说得很好听的，是可以不得罪人的，这一切都要看你怎么说，只要说得恰当，你的拒绝也可以温暖对方。

拒绝之前，记得先说几句好话

三国时期的华歆在孙权手下时，名声很大，曹操知道后，便请皇帝召华歆进京。华歆起程的时候，亲朋好友千余人前来相送，赠予他几百两黄金和礼物。华歆不想接受这些礼物，但又想，如果当面谢绝肯定会使朋友们难堪，伤害朋友之间的感情。于是他便暂时来者不拒，将礼物统统收下，并在所收礼物上偷偷记下送礼人的名字，以备原物奉还。

华歆设宴款待众多朋友，酒宴即将结束的时候，华歆站起来对朋友说："我本来不想拒绝各位的好意，却没想到收到这么多礼物。但是，匹夫无罪，怀璧其罪。我单车远行，有这么多贵重之物在身，诸位想想我这样是否有点太危险了呢？"

朋友们听出了华歆的意思，知道他不想收受礼物，又不好明说，怕让大家没面子，内心对华歆的敬意油然而生，便取回了各自的东西。

拒绝是一种艺术，如果你不懂其间的智慧，总是横冲直撞地对别人说"不可以"，那你就很容易得罪对方，这场聊天也会不欢而散。假如你在拒绝他人之前能把话说得美一些，多顾及一下对方的面子，那即便拒绝了对方，对方也会对你的好意心怀感恩，而不是内心充满敌意。

早上，下属小凯走进了主任的办公室，一进门，小凯就愁眉苦脸地说："主任，有件事我想麻烦您给我解释一下。"主任一边看了看手上还没完成的工作，一边笑着说："什么事情啊？小凯。"小凯拿出了自己上星期写的企划案，问道："主任，这是我之前写过的企划案，可是，您总

第06章 间接拒绝把握分寸：避免在聊天中伤害对方

是说案子不够新颖，我想问一下，到底是哪些地方需要改进呢？"主任拿过企划案看了看，回答说："其实，说到新颖呢，我这个老家伙肯定比不上你们年轻人。你们年轻人，脑筋转得快，能想到的方法也多，我是比不上你们喽。说句比较流行的话，我已经out了。看来这个忙我是帮不上了，你自己多想想，肯定能想出很好的主意，我期待看到你的新企划案。"小凯听到主任的赞赏，心里很高兴，马上表示："好的，我也相信自己一定能想出更好的主意来，谢谢您，主任。"主任挥了挥手，小凯兴高采烈地拿着企划案出去了。

小凯想从主任那里寻求帮助，但是此时主任正忙于工作，如果直接拒绝，小凯的自信心和上进心肯定会受挫，对工作对大家都不是一件好事。主任很聪明，即便他不伸手帮忙，他也能获取小凯的欢喜，因为他懂得在拒绝之前说些赞美的话来激励小凯。经过一番鼓励和夸赞，小凯顿时信心倍增，不仅没有厌恶主任，反而对主任倍加感激。

朋友们，千万不要忽视了好话的力量，人人都爱听好话，如果你把好话说到位，那你的拒绝就多了一份人情味，少了一份冷酷。总之，想让拒绝的话说得好听一点，入耳一点，你就要把握好说话的技巧，这样的聊天才会更入人心。

1. 拒绝前给点赞美

拒绝他人前先给他人一顿赞美，就好像手术前给对方打点麻醉药一样，虽然拒绝仍然是拒绝，但是它带给对方的痛苦却会在无形中减轻很多。赞美是一种说话的艺术，只要你能运用巧妙，即便是拒绝，对方也会对你心存敬意。

2. 说话的态度要诚恳

拒绝之前，你要说几句好话先让对方心里舒服一些，好有个过渡，让对方逐步了解你的心情。你说话的态度一定要好，要有耐心，千万不要用命令的口吻或者不耐烦的口吻说话，否则只会让对方更为愤恨。

聊天密语

拒绝别人并不是容易事,这是一门学问,只有巧妙灵活地运用,你才不会破坏气氛的和谐,达到预期的效果。开门见山,直截了当式的拒绝,犹如当头泼下一盆冷水,常常会让人觉得难堪;而先扬后抑,却能很好地顾及对方的感受,常常能达到意想不到的效果。

言辞委婉,这样拒绝不伤人

如果你身处职场,一定经常遇到这样的问题:一位同事突然开口,让你帮他做一份难度很高的工作。答应下来吧,可能要连续加几个晚上的班才能完成,而且这也不符合公司的规定;拒绝吧,面子上实在抹不开,毕竟是多年的同事了。如何找一个既不会得罪同事、又能把这项工作委婉拒绝的理由呢?其实,这就要考验你拒绝他人的说话能力了。如果你懂得委婉拒绝,那你既能把工作推掉,也不会伤害他人自尊,可以说是两全其美。不懂婉言拒绝,你和身边人的关系就会变得格外紧张。

李敏、陈玉和倩倩是非常要好的朋友。某日,李敏向陈玉借6000元钱,说是一位朋友做生意用,陈玉认为做生意不会仅差6000元,且李敏有赌博的旧习,因此没有答应。李敏为此非常生气,认为陈玉不够朋友,从此对陈玉常常恶言相向,两人闹得跟仇人似的。但经过一段时间之后,李敏知道是自己不对,自己向陈玉借钱就是想要再次赌博,朋友此时不借给自己钱,不是不够意思而是为了自己好。所以,她很想与陈玉重归于好。于是李敏找到倩倩,希望倩倩能够从中缓和她和陈玉之间的矛盾。

但是倩倩并不愿意蹚这浑水,又不好意思拒绝,毕竟三人从前关系不错。怎么办呢?倩倩想了想说:"我也希望你们能和好如初,人这一辈子有个真心想让自己好的朋友不容易,我们都得珍惜。不过这件事,如果让

我去说也不是不行，我也不是不愿意，只是我觉得如果我去说的话，会让陈玉觉得是我想让你们和好，而不是你想和好，这样的话事情反倒变复杂了，所以你最好还是亲自去说，她看见你的诚意也一定会念及我们过去的情分，这样会比较好，你说呢？"

李敏知道这是倩倩不愿意去，也觉得倩倩说得有道理，于是亲自登门向陈玉道歉，两人不计前嫌又亲如姐妹了。

没有人喜欢自己的请求遭到拒绝，如果我们硬邦邦地扔出一句"不可以"，只会让对方觉得我们太不给面子了，甚至会引起对方的反抗心理。因此，一个会说话的人，在表达拒绝时，会选择一种委婉的方式，说话要适当得体，尽量不伤及对方的面子。

委婉含蓄地说话更胜口若悬河。当你很想表达一种内心的愿望，但又难以启齿时，不妨使用含蓄的表达方法，有时要比把话说在明处更能达到正确表达的目的，收到令人满意的效果。当然，委婉含蓄要建立在让人听懂的基础上，如果说话晦涩难懂，便达不到含蓄的效果。

大家可以从以下几点入手，学习委婉拒绝的技巧：

1. 耐心地听对方把话说完

拒绝对方，也要给对方留一个退路，留一个台阶下，也就是说，要给对方留面子，要让他自己下台阶。你必须自始至终耐心地听对方把话说完，当你完全听完对方的话后，心里有了主意时，再来说服对方，就不会使对方难堪了。

2. 转移现在的话题

在聊天中，对方提出某项事情的请求，如果你有难言之隐不方便答应他的请求，你可以有意识地回避，把话题引到其他事情。这样既不使对方感到难堪，又可逐步减弱对方的请求心理，达到婉转谢绝的目的。

3. 与对方巧妙商量

在拒绝的时候，你可以让自己的话听起来委婉，可以采用商量的语气。比如，有人邀请你参加某聚会，而你有事缠身无法接受邀请，你可以这样说："太对不起了，我今天的确太忙了，下个星期天行吗？"这句话要比直接拒绝别人好得多。

4. 以对方利益为借口

对同事说明你之所以拒绝，并非不肯帮忙，而是为了对方的利益着想。从对方的利益考虑，以对方的切身利益为借口，往往更容易说服对方。比方说，对方要求你在一个不合理的期限内完成工作，与其说你不可能办到，不如说服对方：仓促行事对他而言并不好。

聊天密语

拒绝别人是一件很困难的事情，如处理得不好，轻则让局面变得紧张，重则会影响自己的人际关系。所以，在拒绝别人的时候要掌握委婉的艺术，委婉的拒绝能减轻甚至消除拒绝的副作用。

面对求爱，你知道怎么拒绝吗

魏伟对新来的同事依萍一见钟情，于是打算约她周末一起去爬山。星期五下班后，他打电话给依萍说："周末有时间吗？我们一起去爬山锻炼锻炼身体吧！"依萍一听就明白了魏伟的心意，但是她对魏伟一直没有什么感觉，于是笑着答道："哎呀，真是不巧！明天恰好我男朋友的妈妈过生日，我要赶去拜寿。要不哪天我们大家再组织一起去吧！"魏伟一听，就明白了对方的意思，很失望地说："好的，没事，那就以后再说吧。"

面对魏伟的求爱，依萍并没有什么感觉，可是，如果直接拒绝，会让对方很没面子，以后工作中难免尴尬。依萍很聪明，也很有礼貌，她没有直接拒绝，而是巧妙地找了个借口，既保全了对方面子，又巧妙地摆脱了自己的困境。这样的做法，值得我们学习。

朋友们，每个人都希望有段美好的爱情，但是很多时候，求爱的对方

第06章
间接拒绝把握分寸：避免在聊天中伤害对方

并不是自己喜欢的，这时候就要考验我们的说话能力了。注意，如果不喜欢对方，那就让对方明白你的心意，否则，你对对方的伤害就会很大。但大家拒绝求爱的语言要恰当，态度上要明确，语言要委婉，只有这样，才能做到干脆而无伤害。

小璐在一家公司做前台，她年轻又漂亮。昊然是这家公司的一名普通职员，人长得很帅气。刚开始的时候，两个人经常在一起吃饭谈天，渐渐地，便成了恋人。昊然对小璐很好，很关心她，只要小璐喜欢的东西，昊然都会想办法满足她。

可是，昊然的工资有限，和小璐在一起后，他的花销一下子多了起来，每个月的工资几乎都花在了小璐身上，常常捉襟见肘。小璐不止一次地提出，让昊然换一份待遇好点的工作，可是都被昊然拒绝了，昊然说，他很喜欢这份工作。

两个人在一起半年后，小璐觉得自己对昊然的感情淡了，她越来越觉得昊然不是自己理想中的伴侣。小璐一直希望自己的另一半是一个有主见，有上进心，而且经济上比较富裕的男人，只有这样的男人才能为她提供物质上的保障。小璐想和昊然分手，可是每当昊然对她嘘寒问暖时，她又开不了口。

就是在这样的情况下，小璐认识了程杨。程杨是当地的一个生意人，很有能力，家里又有钱。认识两个多月后，小璐便做了程杨的女朋友。一次，小璐挽着程杨的手逛街，正好被昊然撞上了。昊然当着程杨的面质问小璐，程杨也是一脸的难以置信，他一直觉得小璐是一个单纯可爱的女孩子。

最终，小璐和昊然分手了，但同时也失去了程杨的信任，没多久，程杨也提出了分手。

爱情是纯洁的，如果你不喜欢对方，或者对方不是你的理想型，那你就要懂得放手，如果你既拒绝不了一个人的嘘寒问暖，又拒绝不了另一个人的雄厚财力，那你的处境就非常不堪了，因为你是在耽误两个人，也是在伤害两个人，到头来你自己也会非常尴尬。

学会拒绝吧，把拒绝的话说得柔软一些，让自己的态度柔软一些，相信对方一定能明白你的心思，也会坦然地放手。

拒绝求爱的方法有多种，在形式上，可以用书信，可以口头交谈，也可以委托别人，但不管用什么方法，一定要做到恰到好处。那么，如何才能恰到好处地拒绝别人的求爱呢？我们不妨参考以下几点：

1. 学会尊重对方

别人喜欢你，说明你在他心中的分量是不一样的，所以同样你也应该给他应有的尊重，即便你不喜欢他，对他没感觉。尊重是一个人起码的道德，如果你仗着他人对你的喜欢肆意侮辱对方，那你的行为就是可耻的，也是违背道德的，你在失去这个爱慕者的同时，周围的人也会对你敬而远之。

2. 委婉告之，不要留下误会

不喜欢对方，那就委婉地告诉他，不要耽误对方，拖得越久，误会就越大，对他人的伤害也就越大，有时候，对自己也会造成很大的伤害。大家一定要注意，说话的时候不要太直接，一定要顾及对方的面子，千万不要因为说话不当伤了和气，失了情分。

3. 言谈举止间适当疏远对方

如果对方之前是你较好的朋友，这时候你可以采用适当冷淡或疏远的动作来让对方明白你的心思。即使对方没有直接示爱，但是用言行向你含蓄地暗示了他对你的情感，你也可以采用同样的方式。

4. 赞美对方，道出自身不足

对方忘不了你，是因为你的魅力深深地感召着对方。你不妨反其道而行之，先正面赞美对方的优点，真言实语，善意作答，再道出自己的不足之处，以此回绝。常言道"天涯何处无芳草""人生处处有青山"，敦促其重新抉择。

聊天密语

对于不喜欢的求爱，拒绝的方法有很多，但是不管你用什么方式拒

绝，万万不能忘了委婉恰当的表达。他人表达爱意，需要勇气，对于他人来说这是幸福的时刻，如果一下就被你冷言拒绝，贸然伤害，那会给对方很大的刺激。因此在拒绝示爱时，态度一定要诚恳，言语上也要十分小心。

说好"逐客令"，做到温暖拒绝

刘新是一个喜欢安静的人，但是他的朋友王月却是一个天生喜欢聊天的人。两人的家离得又非常近，因此，王月经常会在没事的时候找刘新聊天。这一天，刘新非常累，下班之后就想赶紧歇歇，可偏偏王月又"如约而至"。

没有办法，刘新只好强打精神应付他。谁知，王月好像有说不完的话，天南地北地海侃，先说自己一天的事情，然后扯到国家大事。总而言之，就没有王月说不到的话题。刘新实在是困得不行了，上下眼皮直打架，可是对方还是没有停下来的迹象。结果，刘新在迷迷糊糊中睡着了，王月这才注意到，于是就告辞离开了。

第二天，刘新上班的时候，还是一点精神都没有，一天都是迷迷糊糊，工作的时候一不小心就出错，被老板批评了好几回。刘新心里委屈，可又不知道怎么办。

生活中，我们常碰到这样的情况，自己有事没时间聊天，但对方却东家长西家短，唠唠叨叨，一再重复你毫无兴趣的话题且越说越来劲。你勉强敷衍，心不在焉，焦急万分，真想对他下"逐客令"而又怕伤感情，难以启齿。如果你"舍命陪君子"，那么你最宝贵的东西——时间，就会白白地被他占用。这种人真是让人伤脑筋。

朋友们，其实"逐客令"并不一定非得生涩地说出口，也并不一定都会得罪人，只要你把握好语言的技巧，你就能把刺耳的话说得悦耳，把尴尬的事处理得更为自然。

我们继续看下面这个案例：

自从无意间得知邻居王海洋是名象棋高手之后，陈凯就格外高兴起来，他可是个象棋迷。以前下象棋要到公园里去才行，可是现在完全不用了，邻居家就有一位高手。于是，陈凯就成了王海洋家的常客，两个人坐在客厅里下棋，经常一下就是好几个小时，这下王海洋的妻子新月不高兴了，以前王海洋可是个好丈夫，现在可倒好，洗衣服、洗碗等各种家务都不做了。可是每次和王海洋说起这个问题，王海洋都无奈地说："我有什么办法，都是邻居，难道我赶他走不成？"新月心想也是，但转念一想，陈凯这么天天不着家，他的妻子小敏就一点儿怨言没有吗？于是，趁着陈凯和王海洋在家下棋的时候，新月就去找小敏，两个女人坐在一起聊。说起家里的男人，小敏直抱怨，说陈凯天天就想着下象棋，连家都很少回了。新月连忙把自己的驭夫术一招一式全部传授给小敏。从那以后，陈凯就很少去找王海洋下棋了，即便偶尔造访，也是停留一会儿就走，因为"晚了小敏又得唠叨了"。

新月是一个聪明的女人，面对陈凯每晚来家和老公下棋，她是苦恼的，但是如果直言，那将会影响邻里关系，所以她选择绕弯解决，从陈凯的妻子小敏那里入手，从而巧妙地化解了这个难题。由此可见，要想不得罪客人，又想让自己获得安宁的方法并不是没有，只要用好方法和技巧，"逐客令"也可以下得很漂亮。总之，方法是想出来的，只要愿意开动脑筋，总能想出好的办法来应对棘手的问题。

尽管拒绝别人不是一件容易的事，可为了保证自己正常的生活习惯，该下"逐客令"的时候一定不要难于启齿。只不过，说话做事之前多思考一下，尽量不给人带来心理上的不悦，保持自己的优雅和风度。这样，既不会让自己的时间被荒废，又能让对方知趣而退。那么，具体该怎么做呢？

1.给对方过度的热情

用热情的语言、周到的招待代替冷若冰霜的表情，使好闲聊者在"非常热情"的主人面前感到今后不好意思多登门。爱闲聊者一到，你就笑脸

相迎,沏好香茗一杯,端出瓜子、糖果、水果,很有可能把他吓得下次不敢贸然再来。

2. 写出你的心声

有些饶舌常客辨析语意的灵敏度不高,婉转的"逐客令"常常难以奏效。对于这些人,不妨用张贴字样的方法代替直率的语言,表达使人一见就明的意思。例如,在家里客厅的墙上贴上"闲谈不得超过三分钟"的字样以提醒来客主人很忙。

3. 注意言辞,不失礼貌

必须注意的是,不管使用何种方法,主人都必须不失热情。不速之客一般是邻居、亲戚、同学、同事,主客之间相当熟悉,切忌用冷冰冰的表情和尖刻刺耳的语言刺伤对方,也不宜用爱理不理、屡屡看手表等方式表示烦厌之意,免得以后见面时十分尴尬。

聊天密语

在任何情况下,我们讲话都要有点风度,给人留点面子,不要太过直白。即便你发"逐客令",你也应该言辞委婉而平静,不要不耐烦或太耿直。因为在一般情况下,对于一个客气的"逐客令",人们是不可能非议的。

说"不"的艺术,人人都需要懂得

很多人害怕"拒绝"两个字,对于"拒绝"他们纠结半天也说不出口,因为他们怕得罪对方,怕因拒绝而导致两个人的疏远。但是他们却不晓得,这样做不但于事无补,反而会给自己戴上沉重的枷锁;一旦答应的事情无法完成,还会得罪对方,徒增烦恼。所以,为人处世,学会说"不"很重要。

李红并不是心理咨询师，可是在她身边，总有各种各样的朋友喜欢把自己的"隐私"说给她听。李红总是耐心地听着对方诉说，时不时还会因为对方的不幸遭遇而落下几滴眼泪。长期遭受各种负面情绪困扰的李红终于承受不住这份压力了。

朋友之间的聊天，不外乎最近都有些什么活动和见闻之类的话题，而李红却成了公认的被倾诉者。一旦哪位好姐妹在感情上遭遇了挫折，她们都会把李红约出来，整整一个下午都哭诉自己的不幸。其实，她们都知道，李红并不能帮她们解决所有的问题，只是她们需要倾诉，需要把负面情绪释放出来。

如果说聊天的内容正常一点也就罢了，可是每每随着话题的深入，李红就会发现一些自己没有办法控制的事情。就在前几天，宁宁还在向她说怀疑自己的老公有外遇，而梁静整天都向李红抱怨公司的待遇不好，王莹则是哭哭啼啼地告诉李红她又和男朋友分手了。李红从早晨一睁眼，就开始被别人这些杂七杂八的事情困扰着，以至于自己在工作的时候都无法把心思用在正常事务上。

每次聊天结束，李红的朋友们都像获得了新生一般，她们的痛苦和委屈确实得到了发泄。而对于李红来说，本来好好的一个周末下午，却被无缘无故地笼罩上一层阴云。有时候李红也不得不感叹，"知心姐姐"可真不容易当啊！而她此时还没有意识到自己其实已经处于危机之中了。

随着时间的流逝，姐妹们曾对李红说过的话对她产生了潜移默化的影响。每次见到上司时，她总会想起梁静说的那些话；见到王莹的前男友，李红的心中则会事先拉起一条警戒线。最近，李红不但在工作上频繁失误，而且连家庭关系都开始变得紧张。直到有一天李红才恍然大悟，原来自己的正常生活已经完全被打乱了。

有一位生活的智者曾说："生活的艺术是学会说'不'。"相比于浩瀚的宇宙，人的力量毕竟是有限的，有很多事情不是强人所难就能完成的。正因为如此，一个人应该懂得在现有的条件下，自己能做什么和不能做什么，这是对一个人要有"自知之明"的基本要求。如果你不懂得说

"不",那你就会生活得一团杂乱,你的正常生活就会被打搅,你也会像李红一样焦虑不安。

不敢拒绝,于是就答应所有的事,结果自己无能为力,对方内心落空,进而彼此情谊疏远。拒绝他人,考验的是你的随机应变。所以,应学会运用聪颖和智慧,巧妙地使用拒绝的话语,摆脱不利的局面,同时也能维持双方的关系。

1. 态度尽量委婉、平和

尽量委婉、平和,说明你要说"不"的原因,让对方有台阶下,也不致伤了和气。如果可能,迂回一点讲也可以,而不直接说"不",对方如果不是很愚钝,应该能听懂你的弦外之音,这是"软钉子",而不是"硬钉子"。同时为了不伤和气,你也可以说些谎话。

2. 真诚阐明你拒绝的理由

如果你实在是有事情要办,无法答应对方的请求,你不妨真诚地告知对方你的苦衷,相信对方一定会理解你。不过,在告知对方的时候态度一定要真诚,要表达出你的愧疚,千万不可态度傲慢或冷漠,这样很容易伤害对方。

3. 说话幽默一点更容易拒绝

最经典的幽默式拒绝莫过于钱钟书拒绝某位女士的拜访:"假如你吃个鸡蛋觉得味道不错,又何必认识那只下蛋的母鸡呢?"又如,"拒绝绅士的邀请是一种罪过,可今天只能谢罪了。"想一个幽默而不失分寸的拒绝方式,表明你的拒绝,使双方都不失颜面。

聊天密语

在聊天中,当你遇到了无法接受对方的观点与要求的情况时,就要学会拒绝对方,学会说"不"。但是,在拒绝的时候一定要把握一个尺度和掌握一些技巧,降低对对方的伤害程度。只有这样,你才能赢取他人的喜爱。

第07章

聊天要少说多听：倾听是对他人最大的尊重

倾听，是人际沟通中最不可忽视的技巧，它既是一种说话策略，也是一种交际智慧，没有倾听的聊天是不成功的，也是不受人欢迎的。倾听是对他人最大的尊重，一味地滔滔不绝不仅得不到他人的赞扬，还会让对方厌恶，因为你忽视了对方，忘记了他的存在。在聊天中，请多一点倾听吧，这不仅能丰富自己，还能避免言多必失的局面，何乐而不为呢？请记住，善于倾听，是一个成熟者最基本的素质。

倾听，人际沟通中最不可忽视的技巧

珍珍是一个能说会道的女人，她能言善辩、随机应变的能力经常让旁人为之折服。但是，很不幸的是，珍珍的朋友非常少，她自己也非常困惑。后来，经过别人的仔细分析，珍珍才发现导致她没有朋友的原因竟然是因为自己"太能说"。

珍珍很能说，随便拉个人都能跟他像老朋友一样说上大半天，别人都没有办法插一句话。此外，珍珍虽然能说，但都是一些家长里短的废话，别人听了半天也没有从中收获到什么，而且还浪费了时间。长此以往，自然就没有人愿意听她讲话了。

不懂倾听，所以珍珍交不到朋友；不懂倾听，所以珍珍的话没有分量；不懂倾听，所以珍珍也无法从他人话里获取信息……一个不懂倾听的人，是无法在交际中赢得他人喜欢的，也是无法成为一个聊天高手的。越是善于倾听的人，与周围的人际关系也就越融洽。因为倾听本身就是对对方的一种尊重，你能耐心倾听对方的谈话，就等于告诉对方"我非常尊重你"，对方又怎能不对你的暗示作出积极回应呢？

韩熙是一个非常安静的女子，她跟别人交谈时喜欢听别人说话，自己却不怎么说话。令人意外的是，韩熙有很多善于交际和说话的好朋友，这也让韩熙身边的人疑惑不解。其实，原因很简单，就是她善于倾听。

有一次，韩熙受邀参加一个关于动物保护研究的宴会。参会的很多人都热爱动物，而且在动物保护方面都有一定的研究。韩熙对这方面了解得

并不多，但是她非常感兴趣，故而在那些人侃侃而谈时，韩熙都在非常认真地倾听，并时不时地附和几句。等到宴会结束时，韩熙收到了几个人的邀请，请她参加下一次的聚会，甚至还有人夸赞她是一个"极富鼓励性"的人，是一个优雅的女人。

会倾听的女人是迷人的。她温柔的注视，她赞同的频频点头，她始终保持微笑的表情，会让每一个倾诉者为之赞美和欣赏。古人将那些善于倾听的女人名为解语花，真是一个绝妙好词。聪明的女人不但是一朵鲜艳的花，更是一朵解语花。正因为韩熙有着善于倾听的优点，她才获得了更多人的喜欢，才成为一个优雅的女人。

多听，有时候也是一种积累，听别人谈成功，说失败，那就是在为自己将来储蓄财富。善于倾听，是一个成熟者最基本的素质。倾听以了解他人，倾诉而被人了解，从双方的共同点开始沟通，始终要记住，沟通的关键是倾听。

倾听是一种礼貌，是一种尊敬讲话者的表现，是对讲话者的一种无声赞美，更是对讲话者最好的恭维方式。倾听能使对方亲近你、信赖你，不必费心思考又能赢得人心，何乐而不为呢？

那么，做一个合格的倾听者，需要具备哪些素质呢？

1. 要用心去听对方的话

要善于把握好"心灵的窗户"，对方如值得你倾听，更应值得你注视。如果目光游移不定，或者目光闪烁，对方一定会认为你在心里琢磨其他的事情，你是心不在焉的，或者是他的讲话不够精彩，甚至他这个人没有什么吸引力。

2. 精神状态要好

这一点是倾听质量的重要前提，如果沟通的一方萎靡不振，是不会取得良好的倾听效果的，它只能使沟通质量大打折扣。要努力维持大脑的警觉，而保持身体警觉则有助于大脑处于兴奋状态。专心地倾听不仅要求有健康的体质，而且要使躯干、四肢和头部处于适当的位置。

3. 提高自己的理解能力、悟性和知识面

要想从根本上改变不懂得倾听这个缺点，必须提高自己的理解能力、悟性和知识面，别人说什么，你都能消化理解；别人说什么，你都能接上话；别人说什么，你都能把话题延伸、深入。只有这样，你才能成为一个合格的倾听者。

聊天密语

展现良好谈吐的最好办法就是"听"。如果你想得到他人的认可，就一定要做一个擅长倾听的人，在对方眼中，这就意味着对他的接纳——而这正是建立良好人际关系的前提。你要先接纳别人，别人才能接纳你。

不打断他人说话，做个礼貌的聊天者

大家应该都遇到过这样的情况：对方在表达内心话语，此时你非常想说自己的观点，于是就一次次打断他，一次次阻止对方把话完整地说完。这样，被打断话头的人便会在心里感到极不痛快。这是很自然的，因为任何人都不希望自己的谈话被他人打断。

李海的上司刘总今天看起来心情格外好，中午刘总主动表示请部门几个下属吃饭。饭桌上，刘总打开了话匣子，原来他儿子高考超常发挥，考上了梦寐以求的一所一流大学。几个下属纷纷向刘总表示祝贺，李海虽也附和着，心里却在盘算自己前几天报上去的预算批下来没有。于是，当刘总正在说儿子的事时，李海就忍不住见缝插针地询问预算的事。第一次，刘总笑着答复："我知道了，咱们回去再说。"第二次，刘总半开玩笑地说："你可真心急，这事我不会忘的。"当李海再次未等刘总话音落下就说起自己那笔预算时，刘总脸色顿时沉了下来，也不再说话了。结果，下属们谁也没敢再说话，这个饭局匆匆结束了，李海也灰溜溜地回了办公

室。几天后,李海被告知,那笔预算的申请被公司驳回了。

在职场中,要想赢得领导的好感和认可,最重要的就是善于倾听领导的讲话。许多人在职场中交际失败,最常见的一个原因并不是他不知道应该说什么,而是因为他说得太多,听得太少,喜欢打断别人说话。因此,想在职场交往中变得游刃有余,就必须懂得倾听,这是和领导、同事之间取得良好沟通的一个重要前提。

每个人都会有情不自禁地想表达自己愿望的时候,但如果不去了解别人的感受,不分场合与时机,就去打断别人说话或抢接别人的话头,就会扰乱他们的思路,引起对方的不快,有时甚至会产生不必要的误会。所以说,想要聊天聊得愉快,你要懂得谨慎说话、少插话。

朋友们,你知道如何做一个不随意打断他人说话的、有礼貌的聊天者吗?

1. 站在对方角度想问题

换个角度想,如果自己说话的时候,有人不分青红皂白,甚至没有听清楚你的观点,就打断了你发言,并且趾高气扬地"指点"你,告诉你,你的观点是不对的,你会有什么感觉呢?多一些尊重,多一点耐心,人际关系就会变得更美妙。

2. 聊天时要用心听,认真听

在与人谈话时要用心听,认真听,才会达到沟通的效果,才会受人欢迎。有个成语叫"洗耳恭听",指的就是一心一意,恭恭敬敬地听,这是对发言者最大的尊敬。如果一个人愿意全心倾听别人说话,那么他已经迈出了成功沟通与交往的第一步。

3. 必要时,插话要注意措辞

如有急事要打断说话,也要把握机会,应征得对方同意,用商量的口气说:"对不起,我提个问题可以吗?"或"我插句话好吗?"这样可避免对方产生误解。所插之言也不可冗长,一两句点到即可。假如已经打断,应确保原先的通话不被忽略。

4. 表达异议要礼貌

如果你不同意对方的看法，一般也不要打断他的谈话。但如果你们比较熟悉，或者问题特别重要，也可以先表明一下态度，待对方说完后再详细阐述。但不管分歧有多大，决不能恶语伤人或出言不逊。

💬 聊天密语

聊天过程中，请让自己静一静，让对方把话说完，人人都有表达的意愿，如果你剥夺了对方的意愿，你就会让他反感，让他对此次谈话感到厌烦。学会倾听吧，只有学会倾听，才能理解别人的真实意图，才能做到平等交流。

会听"言外之意"，才能掌握聊天的核心

刘华是一名音乐老师，吉他弹得尤其好，在她的熏陶下，九岁的女儿琪琪也非常喜欢弹吉他，班级里的同学都叫她"小小音乐家"。

"妈妈，我们学校下个月要举办联欢会。我要努力练习，到时候才能发挥稳定。"琪琪说得信心满满，刘华很高兴："乖，妈妈支持你，你一定能做到最好。但是有一点你要注意，晚上一定要早点睡觉，不要熬夜，否则会休息不足，耽误自己第二天上课。"

琪琪假装答应了，但她每天晚上都会关着房门偷偷在屋里练习。

有一天，刘华一家人正在吃晚饭，楼下的王奶奶上来了，她跟刘华絮叨了一会儿说："你们家孩子真努力，晚上弹吉他都能坚持到快十一点呢，我可是伴着她的音乐入睡啊！"

"哦，真不好意思啊，打扰您了。"刘华听出了王奶奶的话外之音，赶紧表示道歉。

第07章
聊天要少说多听：倾听是对他人最大的尊重

王奶奶走后，刘华训斥琪琪道："妈妈不是告诉你了嘛，你要保证好睡眠，不要晚上弹吉他。妈妈不是说过10点要睡觉吗？你看，王奶奶都找上门来了。"

"我就是想练习一下啊，这关王奶奶什么事啊？王奶奶都没有说什么，还表扬我努力呢。"琪琪丝毫不以为意。"王奶奶的意思是你打扰他们休息了，你没听懂大人的话外之音。"刘华告诫琪琪，晚上再也不许练了。琪琪一听是这么回事，就听话了。她第一次意识到，原来大人们的话里还有弦外之音。

年幼的琪琪不懂大人的弦外之音，这很正常，但是年长的人们可不能不懂他人的弦外之音，否则将会造成彼此间交流的障碍。审时度势，会听弦外之音是一种能力，也是一种智慧。所谓弦外之音，是指一定的信息通过言辞间接地透露，而不是明说出来的意思。有时候，他人说的话并不代表他真实的意思。字面的意思同深层含义是两回事。听得懂弦外之音，你才能堪称一个懂倾听的人。

李娟是企业的人力资源部的职员。一天，经理找她谈话，经理先是夸了她的业务能力，认为她可以担当更重要的职责，接着又说起最近行业不景气，利润比去年下滑得厉害，最后若有所思地问她如果她做主管的话会不会考虑裁员。

李娟不知道经理的意图，不假思索地随口就说："不会。很多同事都是一起出生入死、同甘共苦很多年的。"经理脸色稍变，没多久，李娟的同事就升到了主管的位置。而李娟的能力丝毫不亚于这位同事，甚至在这位同事之上。

事后李娟才想明白，经理的意思就是想裁员，如果她不是从个人感情的角度去看问题，而是站在企业发展的角度去考虑，那么升职的就是她。

听得懂弦外之音，你才能在聊天中占据主动，你才能说出对方想听的话，你才能获取他人的认可。案例中的李娟听不懂经理的真实话语，说出不当的言辞，从而错失了升职的机会。这就是善于倾听与不懂倾听的区别。

有的时候，有些话是不方便说出口的，就像一些伤及对方自尊的话或者是一些指责对方的话，直接说出口可能会伤害到对方的自尊心，让对方颜面扫地，于是，说话者往往会说一些委婉的语言，或者是用富含深意的话来说给对方听，如果倾听者听不出对方话里的本意，就会让双方陷入很尴尬的境地。

那么，如何才能巧妙地听出对方的弦外之音，让彼此的谈话更成功一些呢？

1. 多开动开动大脑

有时别人说话，不会说得那么直白，这就需要我们的脑子灵活一点，不要被表面现象迷惑了，也不要对别人的套语、隐语无动于衷或理解淡化了。善听弦外之音，是为人处世的本领，更是人生智慧的体现。因为它直接关系到人际关系和事业的成败。

2. 注意说话者的语气

说话的语气、语调常反映出一个人的内心感情，如"我喜欢你"这句话，说得深沉，多是发自肺腑之言；提高音调，可能意味着兴奋或撒谎；喃喃作语，常出自情人之口；生硬尖利，则是挖苦之言。

3. 听出意思后要保持好情绪

有时候对方会间接地向你说讽刺、挖苦、嘲笑之类的语言，对方这样说的目的可能是对你产生了不满。在你听出对方此种用意之后，千万不可马上辩解或者闷头生气，这时你要拿出宰相的度量，免得发生冲突与不愉快。但事后，你有必要进行一次反省。

聊天密语

与人交谈，要想聪明应对，就需要了解对方的心思，看透对方的意图，即使有时候对方含糊其辞，通过仔细分析，你也仍可以得到很多意想不到的信息。只有这样，你才能具备一个聊天高手应有的素质，得心应手地与人进行交谈。

少说多听，让他人对你更欣赏

我们都知道一句至理名言，"上帝给了我们两只耳朵一张嘴，就是让我们多听少说。"的确是这样，在我们的现实生活中，那些被认为有魅力的人并没有几个是喋喋不休的，相反，真正的说话高手，正是那些少说话、多倾听的人。在你永不停歇的倾诉时，你显然不懂说话的艺术是什么。只有最大限度地提高自己的倾听能力，才能真正提高自己的说话能力，才能让别人不知不觉喜欢你。

李晨是一家汽车维修公司的员工，他每天奔走于多个客户之间，但取得的业绩却一直不好，这是怎么回事呢？这天，李晨来到一家咖啡馆，一位意向客户正在那里等他。与客户见面后，李晨说："刘经理，贵厂的情况我已经分析过了，我发现你们自己维修花的钱，比雇用我们的费用还要高，为什么不找我们呢？"

刘经理点了点头，说："嗯，是这样的，我也觉得自己做不太划算。你们的服务我很满意，不过你们在电子方面还是缺乏些……"

听到这里，李晨打断了刘经理的话，急忙解释道："刘经理，请您允许我解释一下。没有人是天才，修理汽车需要特殊的设备和材料，比如真空泵、钻孔机、曲轴……"

刘经理微微地皱了一下眉，心平气和地说："你说得有道理。但是，你误解了我的意思，我想说的是……"

"我知道，我明白您的意思。"还没等刘经理说完，李晨又一次打断了他，"可是，就算您的部下绝顶聪明，也不能在没有专用设备的条件下干出有水平的活来……"

对于李晨几次打断自己，刘经理不免有些生气了，冷冰冰地说："你能让我把话说完吗？你还没有弄清我的意思。现在我们负责维修的人是……"

"刘经理，您想说什么我都知道！"李晨没有发现对方的不满，只顾自己说，"现在等一下，刘经理，请您给我一分钟，我只说一句话，如果您认为……"

终于，刘经理忍无可忍，他站起来狠狠地拍了下桌子，吼道："行了，别说了！你现在可以走了，以后也不要联系我。"

李晨的聊天方式显然是错误的，他只知道说，却不懂得倾听，最终只能让一开始还比较满意的刘经理变得愤怒不已，好好的一单生意就被自己的愚蠢行为给毁了。倾听不仅体现着一个人的道德修养水准，而且关系到能否与对方建立一种正常和谐的人际关系，而缺乏倾听不仅会让我们显得无知、无礼貌，而且往往还会导致错失良机。

人为什么会长一张嘴两只耳朵呢？目的就是让我们少说多听。可是在生活中，我们往往逞一时口舌之快，很少去想，自己这样一句轻飘飘的话会造成什么样的结果。对他人是怎样的伤害，对自己又是一个怎样的结局。

少说多听，这是一种智慧，它会给你带来更多的利益，让你的交际路更顺利。

1. 避免出现言多必失的下场

在生活上，我们要学习的东西很多，所以多听少说才更加重要。特别是在一些敏感和事关重大的话题上，言多则必失。在你不太清楚事情原委的时候，你不应该多说；在你清楚了很多所谓内部消息的时候，你更不应该多说。

2. 让自己的知识更加丰富

一个善于倾听的人能获取更多的知识，他能汲取对方言语中的精华，能了解到很多自己不太熟悉甚至不知晓的问题。这是一个不断扩充自己的过程，也是一个不断提升自己的过程，一味地诉说只会让你的知识量变得越来越单薄。

3. 多角度地了解对方的话语和心理

通过静静的倾听，你可以多角度地了解对方的话语和心理，从而用适合的语言来回应。因为每个人都希望得到他人的理解和支持，所以如果有人愿意听他们说话，愿意分享他们的想法，那么他们就会不由自主也将肺

腑之言说给你听。

💬 聊天密语

"沉默是金",处于纷扰复杂的人生路上,少说多听能让自己保持足够的清醒。沉默并不意味着妥协,而是在稳健中积蓄力量,把握时机绽放下一次的光芒。事实上,那些少说多听的人,往往一开口便抓住要领、直中要害,字字堪比金玉良言,这样的人多是受人尊敬的。

不要一味沉默,该开口时就开口

倾听,是每一个人必须掌握的一项交际技能,懂得倾听的人在人际交往中通常会散发出别样的魅力。然而,倾听并不意味着光听不说,该说就说,在必要的时候,也要发表一下自己的意见,表明自己的立场。如果你总是什么也不说,那对方就会觉得是不是你对他说的内容不感兴趣,或者是你压根儿都不想跟他聊天,那这段对话就会变得很冷淡。

邢夫人要讨鸳鸯给老爷做妾,鸳鸯不依。贾母气得浑身乱颤,不仅怪邢夫人,还怪王夫人,怪宝玉,连凤姐都怪了,气氛很紧张。在这种情况下,谁都不敢出声,只有凤姐开口了,她说:"我倒不说老太太的不是,老太太倒寻上我了。"大家很奇怪,怎么老太太还有不是呢?凤姐就说出理由来,她说:"谁叫老太太会调理人,调理得水葱儿似的,怎能怨得人要?我幸亏是孙子媳妇,如果我是孙子,我早要了,还等到这会子。"这话一说出口,贾母先是愣了,心想怎么还有我的不是呢?这里就是凤姐语言的艺术了,表面上看起来,说的是贾母的不是,其实,她是夸贾母会调理人,把鸳鸯调理得惹人喜欢,也给大家找了个台阶下。所以,贾母就转怒为喜,气消了,心开了,紧张的气氛也缓解了,又有说有笑了。

王熙凤的聪明,大家都知道,她的口才更是为人赞叹不已。在当时的情况下,贾母愤怒不已,所有的人都胆战心惊,无人敢说话,可见情况紧张,气氛尴尬至极,但是此时更需要有人开口,王熙凤就是那个在关键时刻开口的人。她的一番话一出口,顿时让贾母转怒为喜,让紧张的气氛烟消云散,至此,大家应该明白为何一直以来贾母那么喜欢她了。

在初入职场的时候,小强曾经听前辈说过,要在公司混下去,首先要保持谦虚的态度,按照领导的要求努力完成手头上的工作就行了,其他的事情尽量少管,以免引来不必要的麻烦。对于过来者的建议,刚刚开始职业生涯的小强深信不疑地采纳了。

这对于性格本来比较内向的小强而言,保持一定的沉默比在同事和上司面前表现和炫耀自己的能力,让他更容易接受。于是,在会议以及活动策划方面,小强大多时候都保持沉默,除非上级问他有什么观点和想法,小强往往扮演"哑巴"的角色。

在这些观点的影响下,小强的工作开展的还算顺利。然而,渐渐地,小强发现身边的同事与他交流的时间越来越少,无论是吃饭,还是周末的活动,很少有同事会主动邀请他参加。小强似乎开始与同事产生了距离。

同时在一些项目的推广上,领导也不再了解小强的看法,而是直接就把任务交给他的下属负责了。眼看着在公司里工作也快两年了,与他一同上岗的同事,或跳槽,或晋升,只有自己的职业发展仍然在原来的水平线上。是自己的能力有缺陷,还是职场情商不足?这令小强困惑不已。

所谓物极必反,凡事都讲究一个分寸,如果你总是过于钻牛角尖地认准一个原则不知变通,那结果定会令你失望。小强就是一个活生生的例子。他把"不说话、不表达、多做事"当作了职场标准,进而失去了与他人沟通的机会,失去了表达自我的机会,失去了升职的机会……该开口时就要开口,倾听不是不说话,少说多听不是绝对不说,如果你总是沉浸在自己的世界里,那你怎么可能在职场上走下去呢?

朋友们,每个人都有表达自己的权利,如果你不表达,那别人就无法了解你,你的能力也就无法展现,慢慢地,你也就淡出了更多人的视

野。沉默是有尺度的，千万不要走向极端，必要的时候请记得说出自己的想法。

1. 气氛尴尬时请记得开口

如果此时气氛比较紧张，大家都面面相觑，尴尬充斥整个人群，那请你做那个打破沉寂，巧妙圆场的人吧。你可以巧妙地接下话茬，也可以幽默地圆个场，只要你的言辞能顾及大家的面子，缓和尴尬的气氛，相信你会收获更多感激的目光、赞赏的目光、敬佩的目光。

2. 机会到来时请记得开口

职场中，我们会遇到很多机遇，但是很多人却目送机遇悄悄离去，因为他们不敢表达，不敢争取。不敢表达，领导就看不到我们的优点，不敢表达，我们就无法一步步突破自己，所以想要证明自己，就要开口说出自己的想法。

3. 被人误解时请记得开口

如果你被人误会或被人冤枉，那请你记得开口，如果一味地被冤枉你仍不多言，那你会被人看作懦弱、好欺负，从而变成大众的受气筒。所以说，想要不处处受委屈，请记得开口。

聊天密语

现实生活中，胆小怯懦、不敢与人沟通交流的人比比皆是。谨言慎行固然可以明哲保身，但孤僻、胆怯、很少与人沟通的做法则是不可取的。机会常常在你的缄默中悄悄溜走，与其羡慕他人的成功，不如勇敢地开口、主动去争取机会。

让对方多说，在倾听中展现你的礼貌

如果我们想与他人有一次非常愉快的谈话，就需要时刻鼓励对方多说，尽力使对方心情舒畅。在人际交往中，要让对方感觉到自己一直是话语交谈的掌控者，只有这样，对方才会乐意与你交谈。如果交谈中只是你一个人说个没完没了，那这次谈话很快就会结束。

海燕毕业于普通高校，家境一般，长相也很普通，但是她的人缘却出奇地好。海燕拥有很多朋友，而且大部分都视她为毕生的知己。有什么开心的事大家都会与她分享，发生了不愉快大家也都乐于向她倾诉，遇到困难，总有人伸手帮助她。

有一次海燕生病了，其实只是小毛病，但是来看她的人络绎不绝，大家都关切地嘘寒问暖。海燕的好友琴琴羡慕不已，问道："哇，海燕，你人缘怎么这么好！大家为什么都喜欢你呢？"

海燕笑了笑，说："我给你讲一件事吧！是关于新新的。有一天，新新来找我，一坐下便开始哭，我也不知道怎么回事，就倒了一杯热茶，坐到了她的对面。新新哭了一会儿，便对我说，她最近被单位的一个小人暗算了，害她被领导骂了一顿，而且她的男朋友最近也跟她提出了分手，她觉得生活完全没有希望。我什么话也没有说，只是拍拍她的肩。新新不停地讲着，把心中的苦闷一股脑全倒了出来。说完，新新长叹了一口气。我问她现在觉得好些了吗？新新擦擦眼泪，对我说她在来的路上都觉得快活不下去了，现在感觉好多了。我握住她的手，告诉她不管发生什么事，我都是她最好的朋友。最后我们一起商量如何挽回工作上的失误，如何顺其自然地对待感情。现在你再看新新，家庭美满，工作顺心，多幸福啊！"

琴琴看着海燕，说："我明白了，原来倾听竟有这么大的力量。"

一次愉快的聊天离不开倾听，倾听就要让对方多说话，尽量把话语权交到对方手里，这是获取好人缘的秘密，也是一种交际的智慧。让对方多说，你就给人呈现出一种礼貌的形象，会让人觉得在你这里受到了尊重、重视。

那么，在聊天中，我们该如何鼓励对方多说话呢？

1. 善于提问

对方说话时，原则上不要去打断，可是适时地发问比一味地点头称是更为有效。一个好的听者既不怕承认自己的无知，也不怕向说者发问，这样不但会帮说者理出头绪，而且会使谈话更具体生动。提问有助于你获得更多信息，并理解问题的各个方面。

2. 重视他人的话语

那些说话妄自尊大、小看别人的人总会引起别人的反感，最终在交往中使自己走到孤立无援的地步。与人沟通，目的在于交流意见、达成共识，只有重视对方说的每一句话，才能赢得尊重，才能让对方有继续说下去的欲望。

3. 不要过分沉默

当然，让对方多说，并不是指我们一句话也不说，因为过分沉默也会使对方不好意思继续说下去。我们的目的在于让对方痛痛快快地把话说出来，从而了解对方的心意。因此，必要时应想办法诱导对方多说，不要使对方因为你过分沉默而无法继续说下去。

聊天密语

请记住：跟你谈话的人对他自己、他的需求和他的问题，比他对你和你的问题，更感兴趣。改变自己吧，当你再次与人聊天的时候，请记得把话语权交给对方，多聊些对方的事情，尤其在想获得对方信息的情况下。

第08章

巧用肢体语言：
会看会用，才能做到眉目传情

在聊天中，传达内心言语的途径有很多，比如说话，这是最明显的方式了。此外，还有一种大家必须了解的，那就是肢体语言，不懂肢体语言，你就无法了解对方的意思，那这次聊天就无法达到良好的效果。每个人的身体都会说话，我们不能对他人的手势语视而不见，也不能对他人的一个眼神摸不着头脑，因为，这都是聊天成功必备的因素。那么，到底有什么秘诀可以帮助我们更迅速地学会呢？本章将会为你详细讲解。

会看面相，窥探对方聊天中的心情

齐桓公的妻子卫姬是卫国人，见到齐桓公以后，突然下堂跪拜，请求为卫国的国君免去罪过。齐桓公大为惊讶，自己和管仲刚刚谋划好，并无外人知道消息，怎么这么快就传到自己家里来了呢？

卫姬看出了他的疑惑，便说："妾见君主回来后，趾高气扬，有出兵讨伐他国的志气。但见妾时，却是脸生愧色，说明进攻的定是卫国无疑。"齐桓公心中不忍，只好安慰卫姬一番。

第二天，齐桓公上朝，管仲一见面就问道："君主昨夜是在卫姬处安歇的吧？"

齐桓公又是吃了一惊："你怎么会知道？"

管仲说："君主上朝时步履缓慢，说话无力，全不像昨日那样踌躇满志、慷慨激昂。见到臣后，还有些惭愧的意思，所以我猜出了事情的缘由。"

齐桓公闻言不由长叹一声："什么都能瞒得了，唯有脸色无法藏匿呀。"

无论用何种方式交流，也无论你与对方在何种场合交流，对方总会有一些"说不出来的秘密"。而这些"秘密"对于你来说，也许是非常重要的。因此，你要从对方的表情里，读懂他无法对你说的"秘密"。故事中的卫姬和管仲就是从表情看出齐桓公的心思的。

丈夫阿强和妻子玲玲刚结婚时，感情很好，常常形影不离。可是，随着生活的日渐平淡，彼此都熟悉了婚后的生活，再也没什么新鲜感了，相

反，却常常为柴米油盐之类的生活琐事而吵架。

起初小俩口一对对方有不满，就开始争吵，各不相让，但吵过后，俩人过不了几个小时又和好了。可是，随着吵架次数的增加，这好像成了家常便饭，阿强和玲玲谁也不愿再理睬对方，他们经历了一个冷战的阶段。但这也不是办法，阿强和玲玲还要面对家人和朋友。为了不让别人看出来，他们逐渐过渡到有别人在场的时候，彼此显得关系还不错、很恩爱；而一旦他们独处时，家里则静悄悄的，互不打扰。渐渐地，没人在的时候玲玲和阿强也开始说话了，但这并不是尽释前嫌，只是有时候有一些不得不说的话而已。随着彼此间的不和睦发展到极端，不快乐的表情反而逐渐消失，他们的脸上呈现出微笑，态度上也显得谦恭又亲切。

一位经常办理离婚案的法官说，当夫妇间任何一方表现出这种态度时，就表明夫妻关系已到了不可调和的地步。

事实上，只要留意，从一个人细微的动作和表情变化就可以洞察其内心世界。做人要有辨识人心的能力，这就要学会从表情洞察一个人的心理，学会用敏锐的眼光洞察他人心思，这样你才能在激烈竞争中知己知彼，步步精彩。

不管你处于什么样的场合，你的心绪都会通过你的表情反映出来，所以，要想留给人们一个好印象，就需要控制好自己的心情，把持好自己的表情，同时也为解读对方打下基础。

总之，表情是一个人内心的反映，通过面部表情可以看出他人的情绪变化，也能够通过对表情的推测和判断，从而窥测他人的性格和内心。如果我们想对他人有一个深入的了解，就要从面部表情入手。

1. 善于观察

一个心细的人定是一个善于观察的人，没有观察就没有发现，你也看不出对方的心理活动。所以，我们要培养自己善于观察，勇于发现的能力，从细微处入手，多观察，多思考，多总结，这样才能窥探出对方每一个表情下暗藏的心理秘密。

2. 从对方的习惯入手

很多人觉得一个人的表情很难把握，因为那些表情和动作往往"一闪而逝"。怎样才能把握住一个人的面部表情呢？在此为大家传授一种方法，那就是观察他们的习惯。一个人的习惯很难改变，而牢固的习惯，就是我们的突破口。

3. 看对方面部肌肉动作

如果是愉快的表情，脸颊会上涨，嘴唇的两个尾端会向后收缩；如果是不愉快的表情，脸颊则会下沉，嘴唇的两个尾端也会下沉。由此可见，面部各处肌肉的不同动作，是与不同的表情相对应的。这样，你可以通过对方面部肌肉的不同动作，去识别他的表情。

聊天密语

一些人脸上几乎是没有表情的，很难捕捉到他们的表情变化。这类人往往是社交高手，心理素质非常强大，能做到喜怒不形于色。在跟他们交往时，说话做事更要小心谨慎。他们不但善于伪装自己的情绪，还是洞察他人表情的高手。

习惯动作，暗藏个人心理小秘密

每个人都会有些与众不同的习惯性小动作，这种小动作被形象地称为"身体语言"。有的人喜欢摸头发，有的人喜欢抠鼻子，有的人喜欢拉衣角，有的人喜欢咬手指，这些动作看起来可有可无，没有什么出奇的地方，但是，从中也可以看出一个人的心理。

静静是一个善于观察的人，虽然来公司一年，但是身边人的性格她都摸清了。谁跟她撒谎，谁跟领导打小报告，谁私下里总爱说人坏话，她都

非常了解。

　　一次，经理安排静静和公司的巧嘴阿霞同时完成一个项目策划案，次日上交给他。静静是个很有能力的人，下午的时候她就非常有条理地完成了任务。阿霞是公司的小巧嘴，能说会道，但是对于对此项目并不熟悉的她来说，这次任务有些艰难，于是一下午阿霞都在纠结如何提交。阿霞急于表现自己，想在大家面前得到领导的表扬，于是，下班之后她并没有急于离开公司，而是留下加班争取把任务完成得更好。可是怎么也想不出。就在这时，阿霞看到了静静办公桌上的那份策划案，于是歪点子一下冒了出来。阿霞就拿起了静静的策划案，想看看她是怎么做的。看的正入迷，同事老王进来了。看到老王，阿霞吓得把策划案丢到了桌上。老王看到此场景，有些惊呆，没说什么。但是阿霞却很不放心，苦苦哀求老王不要告诉大家，花言巧语了一通。终于，老王答应她说自己什么都没看见。

　　次日早上，静静来到公司，她和阿霞把策划案上交给了领导。没一会儿，她们就被叫到了办公室。领导质问："你们两个的策划几乎一样，这到底是怎么回事？"静静不善言辞，只是解释这份策划是自己做的，绝无抄袭。她明白是阿霞做的，可是找不出证人。但阿霞不一样，她却头头是道地讲述着她是如何做出这份策划的，说了一堆话迷惑领导，证明自己的清白。最终，静静被领导训了一顿，离开了办公室。

　　回工位时，静静撞见了老王，老王看到静静很紧张，一直搓着手，此刻静静感觉到了什么，她觉得老王一定知道事情的真相。于是，下班后，静静约老王一起吃饭，她对老王说："老王，我认识你也不是一天两天了，为何你知道真相却不为我说句话呢？说吧，我也不怪你。"老王感到很诧异。静静说："我看出来了，你也不是邪恶的人，你肯定有不得已的苦衷吧，你不知道，每个人都有自己的习惯动作，这些习惯动作能暴露一个人的心理。你紧张或撒谎时爱搓手，对吧？所以我是从你这个动作看出来你是知道实情的。"老王被静静说得十分羞愧，坦然承认了一切。事后，老王决定为静静洗清冤屈，他把这一切告诉了领导。

　　每个人都有自己的习惯动作，在聊天的过程中，如果你想知道他说的话背后有什么故事，那就注意观察一下他的小动作吧，相信这会帮你找到答案。

心理学家莱恩德曾说："人们日常做出的各种习惯行为，反映了客观情况与他们性格间的一种特殊的对应变化关系。"每个人的举手投足都反映了他的心态和性格特征。我们在日常生活中要学会留心观察，捕捉他人习以为常的动作，从而了解真实的对方。

1.两脚并拢，双手背在背后

两脚并拢或自然站立，双手背在背后，这种人大多在感情上比较急躁。但他与人交往时，关系却处得比较融洽，其中较大的原因是他们很少对别人说"不"。许多有过军旅生涯的人对双手后背这个动作可能比较熟悉。

2.频繁地吐舌头

有的人喜欢在做错事情或者搞恶作剧的时候，频繁地吐舌头。这表面上看起来像是很可爱的表现，实际上是不自信的表现，心中缺乏勇气，人体就会不自觉地做出一些应急反应。

3.拍打掌心、摊开双手、摆动手指

有的人与人谈话时，只要动嘴，一定会有一个手部动作，比如，相互拍打掌心、摊开双手、摆动手指等，表示对他说话内容的强调。这种人做事果断、雷厉风行、自信心强，习惯于在任何场合都把自己塑造成"领袖"人物，性格大都属于外向型，很有一种男子汉的气概。

4.用腿或脚尖使整个腿部颤动

喜欢用腿或脚尖使整个腿部颤动，有时还用脚尖或者以脚掌拍打地面，这样的人大多懂得自我欣赏，有一些自恋情结。但他们比较封闭和保守，在与人交往中会有所保留，并且不太容易与他人建立良好的关系。

聊天密语

常言道：细微处泄天机。的确如此，一个人的真实性情一般都能从他

第08章
巧用肢体语言：会看会用，才能做到眉目传情

微小的细节中呈现出来。人们在日常生活中的小动作是在长期的生活中无意识地形成的，因而带有明显的个性色彩。善于识人的人都有一个共性，他们习惯于观察人的习惯动作，也就在那一刻他们便知晓了一个人的内心动态。

透过眼神，了解最心底的东西

眼睛是上帝赐给人类的礼物，相比于其他部位，眼睛透露出来的信息更多一些。一个人所思所想很多时候会通过他的眼神表现出来，通过观察一个人的眼睛，可以在某种程度上对他有一个大致的了解和认识。

虽然任盈进入职场只有两年多，但言谈举止中已透露出白领女性的成熟。前年大学毕业的她被上海某科技公司相中，担任采购部经理助理一职，职责是协助经理处理部门日常事务，有时还参与采购业务。

上班的第一天，经理教导她，办采购业务最关键的一项任务就是价格条件的谈判。接着又告诉她，职场中会遇到很多问题，要自己想办法去解决。半个小时后从经理办公室出来，任盈感觉对于以后的工作开展已经有了眉目。但是当任盈回到自己的座位时，才发现她什么也不会，也不知道从哪里找工作来做。有一阵子，她都不知该从何处做起。

后来任盈就想，不如站起来观察同事们是怎样工作的，向别人学习。于是她站起来静静地观察每个同事。从他们的一举一动以及与客户之间的对话沟通中，她对同事们的性格有了大概的了解，并大致知道怎样与客户沟通。在以后的工作中，因为勤奋、踏实、善于察言观色，她很快由一个业务新手变成了谈判专家，并与每个同事都相处得很好。

有一次，在一场艰苦的谈判中，双方为价格问题熬了整整一下午而互不相让。

任盈的上司最后作出了一点让步，当她的上司把价格报出来的那一刻，对方的眼神仿佛亮了一下，转瞬即消失了。任盈捕捉到了这个信息。

"No，No，这与我们的要求差远了！"对方大声嚷嚷。

任盈通过纸条把她捕捉到的信息传达给了上司。一个小时后，他们以那个价格拿下了那批货。

在人类的面部表情中，眼神是最为微妙复杂的，不管是用眼神表达信息，还是准确地理解别人的眼神所表达出来的信息，都非常困难。在训练自己的观察力时，如果你能从眼神中看透和理解他人所表达的意思，那么你就能够洞悉对方真实的内心世界，从而更好地与之交流。

1. 不敢与人对视

生活中，不敢正视他人眼光之人，通常都缺乏足够的信心，不仅怀有自卑感，而且性格软弱。他们遇到陌生人时，不会主动打招呼，即使打招呼也是避开别人的眼睛，这样的人一般比较拘谨，在处理问题时不仅缺乏自信，还没有主见。

2. 眼神四射、神不守舍

眼神四射、神不守舍，表明对方对你的话已经开始厌倦，再继续说下去只会让自己难堪。此时最好停止，或者找其他对方感兴趣的话题，这样更有益于你们之间的交流继续下去。

3. 把视线斜向一边

无论与谁交谈，都习惯把视线斜向一边的人，大多性格孤傲，自以为是，总是觉得自己是一个很了不起的人，看不起他人。如果在交谈中对方把视线斜向一边，则表示对方对你所说的话不感兴趣，而且内心已经不耐烦了。

4. 长时间地盯着对方

当一个人长时间地盯着另一个人时，绝大多数情况都是期待着对方给予自己一个想要的答复。这个答案的内容是多种多样的，可能是一项计划的起草，也可能是一份感情的承诺，不一而定。

5. 眼神冰冷

有一颗冷酷无情的心，那么眼睛也会给人一种冷冰冰的感觉。有的人

心眼虽然很好，可是两眼看起来却冷若冰霜，例如，理智胜过感情的人、缺乏表情变化的人、自尊心过强的人或性格刚强的人身上往往有上述现象。这种人很容易被人误解，这是十分不利于工作和生活的。

聊天密语

与人聊天，如果你不知道观察对方的眼睛，不懂得对方眼神传达的信息，那你就无法知晓对方的内心。通常来讲，一般人是很难彻底地隐藏自己的内心的，哪怕他在极力克制自己，让自己的情绪不通过任何神情动作呈现出来，但是这种伪装却是无法长久维持的。

聊天中抓耳挠腮，说明对方紧张

在聊天的过程中，很多人会出现一定的心理活动，这些心理活动我们看不见，但是我们可以从他的一些小动作来把握。比如，有些人在忧虑的时候会皱眉，有些人在回忆事情的时候会目视斜方咬下嘴唇，有些人在紧张的时候会抓耳朵，有些人在生气的时候会攥紧拳头……虽然只是一些小动作，但是你却能从中发现对方此刻的心情。当你了解他心情的时候，你才能明白你此刻说的话对不对，才能知道你是否和对方聊得投机、愉快。

佳航现在越来越崇拜自己媳妇儿小谨了，因为，他发现每次自己跟小谨说谎的时候，都被拆穿了。

有一次，周五下班，佳航的一群哥儿们约他一起聚聚，开始的时候佳航不想去，但经不住那群哥儿们的软磨硬泡，想想自己也好久没跟大家一起玩了，佳航就答应了。于是，佳航就给小谨打了个电话，告诉小谨自己晚上要加班，下周一还得急着交任务。小谨答应了，还嘱咐佳航不要太累，要注意吃饭，忙完早点回家。

佳航高兴坏了，赶紧打电话找了四五个朋友去喝茶打麻将了。这个晚上过的可真开心，没人唠叨，没人不让抽烟，没人老缠着他一起看无聊的肥皂剧。为了回家跟小谨好交代，佳航咬咬牙一口酒也不喝。

差不多十一点，佳航准备走了。走的时候还专门检查了一下身上有没有什么蛛丝马迹，彻底检查完了之后，佳航进家门了。小谨已经睡了，他也就赶快睡觉了。佳航想，小谨还挺好骗的，下次还用这招。

第二天吃早饭的时候，小谨问："昨晚累坏了吧，工作都忙完了吧，不管多忙你可得注意身体，别太硬撑了。"

佳航说："嗯，没事，主要是最近公司任务太多，忙得焦头烂额，还好，昨晚该处理的都处理完了，周末可以好好休息了。"

小谨忽然笑了，说："哎呀，你还是坦白吧，别瞎扯了，昨天晚上出去玩了，以为我啥都不知道，你以为我傻啊？"

"不不不，你真误会了，我真的是加班，最近实在太忙，没办法啊。如果你觉得我是在撒谎，你可以给我的同事打个电话，问问他我到底有没有撒谎。"

"对，这也可以，要不现在我给你的同事小王打个电话吧，问问他你昨晚加班的事情。"

佳航只好承认了："哎呀，让你问你还真问啊，我招还不行吗？不好意思啊老婆，我昨晚跟我那几个兄弟聚了聚，没加班，怕你不高兴才撒谎的。"

真相败露的佳航闷头吃着饭，他知道自己今天一天只能靠陪小谨逛街赎罪了，不过心里还是直犯嘀咕：女人的直觉可真准啊！

小谨看着佳航疑惑的表情，偷偷笑了，其实她并不知道昨天佳航骗她了，只不过在今天早上随口问他的时候，佳航说话总是抓耳朵，这才让小谨起了疑心。因为，佳航一紧张，一撒谎，他的小动作就是抓耳朵。

如果佳航没有那些习惯动作，或许他的妻子小谨就察觉不出他在撒谎，正是他抓耳朵这一小动作"出卖"了他。动作是心理的反应，它会随着人们的心理活动呈现出来，如果你想了解对方此刻的心理，那你不妨注

意观察，多加了解，相信这一定会给你很多帮助。

抓耳朵是生活中经常见到的一个小动作，你知道它背后暗含着什么样的心理吗？

1. 正在想问题

其实，生活中有很多人喜欢在想问题的时候摸摸自己的耳朵。似乎这个动作就是在传达一种"我正在思考"的意思，同时又告诉大家他正在酝酿自己的思想，正在思索该如何把它表达出来。如果你看到对方正在做这个动作，那他就有可能在思考。

2. 心里紧张、害怕

抓耳朵也意味着一个人感到很紧张、焦虑，这种情况也是普遍存在的。不知大家是否留意到，很多人在走进一个人多的地方或者是被万众瞩目时，他们就会做出下意识的抓耳朵的行为。其实，这些动作就是他们在紧张的情况下做出的不自觉反应。

3. 一定的抗拒心理

若对方用拇指和食指不断摩擦自己的耳朵，并将脸转向一侧，说明他对这个话题不感兴趣，正以摩擦耳朵的动作表示抗拒。其实，这个动作的雏形，是儿时为了逃避不想听到的命令，用手堵住自己耳朵的举动，成年后，为了顾及他人的颜面，才演化成了摩擦耳朵。

聊天密语

观察力是人际交往最基本的能力，如果你不懂观察，那你就无法察觉对方的心思，你的言行就只能沉浸在自己的思想里，你也就无法走近对方，实现彼此交际的和谐。所以说，想要在聊天中成为一个主动者，请锻炼一下自己的观察力吧。

拥抱对方，让距离迅速拉近

妞妞是一个四岁的小女孩，今天她心情不好，对来看她的舅舅发脾气。

妞妞说："我讨厌你！"

舅舅微笑着回应："可是我爱你。"

妞妞又说："我讨厌你！"声音变大，而且斩钉截铁。

舅舅却更温柔地回答："我还是爱你。"

妞妞大喊："我讨厌你！"

舅舅说："没关系，我还是爱你。"同时张开双臂，把妞妞搂住。

妞妞终于软化："我也爱你，舅舅。"整个人投入舅舅的怀抱。

从案例中我们不难看出，妞妞由一开始的娇嗔的小魔鬼，不一会儿就变成了温柔的小绵羊。真正打开她心房的，则是舅舅那双伸出的臂膀和紧紧的拥抱，语言则显得十分苍白。

很多时候，一个人需要的只是一些无言的安慰而已，而拥抱会让他觉得最放松也最有力量。拥抱是一种伟大的力量，会让人觉得安全、温暖。当一个人被拥抱的时候，能感受到一种力量：体温、存在、重视，还有百分之百的安全。所以说，在聊天中，拥抱有着很强大的力量，在合适的时机，给对方一个拥抱，相信比一味地说话更有意义。

这天下午放学回家后，爸爸让笑笑去读半个小时的书，这是爸爸和笑笑约定的每天都要做的事。可是，不知道什么原因，今天听到爸爸让自己去读书，笑笑就是不想去。爸爸见笑笑磨磨蹭蹭不愿意读书，有些生气了，于是说如果她不遵守约定，就取消每天半个小时的看电视时间。听到爸爸这么一说，笑笑就着急了，冲着爸爸大叫起来。

爸爸见笑笑的样子实在是忍无可忍，但却一直没有说话。笑笑不听话，她感到爸爸肯定要发火了，于是把眼睛一闭，等着爸爸修理自己，而且一边做着准备，心里还一直想着：你再怎么修理我，今天我也不读书。

可就在笑笑正想着时,爸爸突然过来把笑笑紧紧地搂在了怀里。这可让笑笑没有预料到,于是笑笑拼命挣扎,但是,慢慢地,笑笑不再挣扎了,而是在爸爸的怀里平静下来。爸爸仍然一句话也不说,反倒是笑笑感到不安起来,小声对爸爸说:"爸爸,明天晚上我再把那半个小时的读书时间补过来,行吗?你别取消我半个小时的看电视时间。"爸爸这时爱怜地看着笑笑说:"宝贝,爸爸只是希望你做一个遵守诺言的孩子,我们既然约定好了每天放学回来先读半个小时的书,就要做到言而有信,继续坚持下去,好吗?"

"嗯,好。先读完书我再去看电视。"听了爸爸的话,笑笑一下就挣脱了爸爸的怀抱,边说边去拿书了。

面对笑笑的耍赖、发脾气,爸爸并没有打她、责备她,而是给了笑笑一个温暖的怀抱。这个怀抱,给了笑笑力量,鼓舞她继续遵守自己的诺言。如果爸爸用批评责骂的教育方式来对待笑笑,那他们之间的矛盾就会不断扩大。

与人交往,不能忽略拥抱的力量。要看到,很多时候,人们伤心难过或者失落了,他们并不需要过多的安慰,只是需要一个温暖的拥抱,只需要借别人的温暖重拾对生活的信心。洞察了这一心理,并能主动去拥抱对方,那么赢得他人喜欢也并非一件难事。

拥抱有着强大的力量,希望大家能从中汲取营养,学会拥抱。

1. 拥抱能让人感受到爱

拥抱,传递的是一种爱,一种关怀。当一个人难过的时候,他需要的是一种爱的鼓励,拥抱就可以给予他人爱的鼓励。朋友们,当你身边的人伤心时,不要一味地诉说你的爱心话语了,给他一个拥抱,相信会有更多的力量。

2. 拥抱让人重新变得有朝气

英国有句谚语:"每天需要三个拥抱才能活下去,另外三个拥抱才能神采焕发。"那些经常被触摸和拥抱的人要比普通人的心理素质强得多。因为拥抱使得他们之间的关系更加亲密,而且还使得彼此之间的情谊更加深厚。

3.拥抱能给人鼓舞性的力量

当我们工作烦闷的时候，当我们被压力压得喘不过气的时候，当我们因挫折而失去动力的时候，我们希望得到他人的鼓励，希望有个人给自己能量，这是人之常情，每个人都如此，都有这样的需求。一个拥抱，一句加油，其实，足矣。

聊天密语

拥抱是有魔力的，它可以化解人与人之间的一切不愉快，拉近人与人之间的距离，让人深切地感受到对方的真诚和爱意。拥抱所传达出的情感胜过言语，巧妙地把拥抱运用在合适的场合，将会使沟通变得更为顺畅和愉快。

第09章

套近乎有技巧：巧妙交谈拉近彼此的距离

步入社会，我们会面临很多应酬，比如参加宴会、出门做客、朋友聚会等。想要在这些应酬场合获得众人的认同，套近乎的话一定要会说。说好了，你才能迅速获取他人的喜爱，拉近彼此的距离。那么，到底该如何做才能与他人拉近关系、让心灵的距离变得更近呢？相信大家一定能从本章中找到答案。

拿下身边的人，你也就拿下了对方

倩倩爱上了公司另一个部门的同事海文，可是，他们并没有太多机会见面。有一次，她有了与海文部门同事安娜一起出差的机会。都是年轻的女孩子，再加上倩倩本来就有意交好，很快，她们就成了好朋友。在酒店的标间里，一人一榻，倩倩从安娜那里听到了不少关于海文的八卦。

回来之后，倩倩与安娜还是常常相约一起吃饭、逛街。安娜有固定男友，所以对倩倩来说，这并不是竞争对手。很快，在安娜的带领下，倩倩参加了几次他们部门的聚餐，海文当然也是在场的。就这样，两个人从点头之交，一直发展成了可以聊知心话的朋友。

后来海文发现自己喜欢上了倩倩，就主动向安娜打听她。安娜明白倩倩也是喜欢海文的，只是一直没好意思开口，于是她就一直鼓动海文去追倩倩，终于两个人走在了一起。

如果你想跟一个人打交道，那你不妨学习一下倩倩，先拿下他身边的人，当你有机会接近他身边的人的时候，你也就有了和他聊天的可能性。那走近他就是早晚的事了。不只是爱情，职场上、社交场合等都需要大家学习这一点，这是一种技巧。

一家电视台的业务员李雷想要签下一家大公司的广告业务，但一直无法得到对方的接待。

李雷通过多方打听，了解到这家公司的陈总正在为自己的儿子上重点高中犯愁，虽然使了不少劲，但最后依然未能如愿。赶巧的是，李雷恰

恰是从那所高中毕业的，而且曾一度很看好他的班主任如今已经成了这所中学的教务主任。虽然已经毕业多年，但李雷每逢节假日即使自己再忙，也会抽出半天时间去拜访老师，和老师聊聊天，正是因为有了老师这层关系，李雷很快就帮那位陈总联系好了孩子上学的问题。

接下来李雷写了一封信，以快递的形式寄给了陈总，并告诉他自己可以帮他解决他儿子上高中的难题，说有时间可以约个地方见面聊聊，里面还附了一张录取通知书。

信寄出了，很快，陈总便打来了电话，询问这件事是不是真的，李雷说："如果您对此还表示怀疑，那么我可以告诉您重点高中教务主任的电话，向他核实就可以了。"

此刻，陈总已经彻底被李雷感动了，立即约定了见面的地点，在表示如何感谢他的环节中，李雷将自己真实的目的说了出来，陈总很爽快地答应了与他们电视台合作，并且投入了一大笔资金。

求人办事，并不是总在熟人间进行，贸然前往很可能会无功而返。不要因此就觉得不可能求人办成事，而是要主动寻找对方身边的人作为突破口。拿下身边的人，或者为他在乎的人做点事，这样一来，事情就好办多了。

通常情况下，想要与重要人物见面，那是非常困难的，但是我们可以通过其他渠道认识他们身边的亲朋及助手，其实这些人会给你带来极大的便利。假如这些人愿意帮你在大人物面前吹吹"耳边风"，那真是事半功倍。当你结识了某位"实力人物"的身边人后，就一定要把握住他，用尽方法得到他的支持。那么，我们到底该如何做呢？

1. 掌握对方的交际圈子

想要拿下对方，与对方说上话，那你就要做做功课，了解一下他的交际圈子，你可以从他的经历，甚至他的祖辈、父辈，然后从他的亲属、他的朋友、他的子女等"小角色"入手，取得他们的信任与支持。那么，"实力人物"帮你呼风唤雨，贵人相助的日子将指日可待。

2.耐心观察对方的喜好

认识对方,先要以平常心对待他们,观察对方的一言一行,多方打听他们的兴趣爱好和经历等,等你了解清楚了,就可以行动了,向他们表示友好。你可以表示自己也有同样的兴趣,来拉近彼此的距离。千万不要表现的迫不及待,否则会弄巧成拙。

聊天密语

当今社会,结交贵人是非常困难的,即便你有幸认识对方,也未必能得到他的帮助。然而,结交那些"实力人物"的身边人并没有太大的难度,得到了他们的信任,就相当于接近了"实力人物",他们总会在某个时机为你牵线搭桥,为你进上美言。

热情表达,让双方聊得更亲近

生活中,我们可以看到那些交际大师都有一个特点,那就是他们每时每刻都有一张迷人的笑脸,对任何人都热情以待,用行动"拉拢"周围所有人,他们在自己的关系网中自由地穿梭,不断结识新朋友,扩大自己的关系网,而这也正是我们应该学习的。一个热情的人更能在聊天中获取他人的好感,更能带给对方聊下去的欲望,如果你想在聊天中成为一个给人温暖、让人喜欢的人,那就释放你的热情吧。

初级文员王海退休时,公司为他举行了欢送宴会,所有的职员都来了,当主持人把话筒递给王海时,这位工作了近三十年的老员工只说了一句简短的话:"谢谢大家。"这让人感到非常意外,话筒再次递了过来,王海又干巴巴地挤出了两个字:"谢谢。"宴会的结尾既让人感到可笑,又让人感到一丝失望:在大家琅琅的笑声中,王海拿起一块蛋糕放进嘴

里，捧起同事送的礼物和卡片，悄悄地走了。谁都看见了，但是谁都装作没看见。

这是为什么呢？

王海是个兢兢业业、一丝不苟、老实本分的人，但他直到退休都只是一个初级文员，以他的资历，早应该坐到部门经理或者至少应该是高级文员的位子上。为什么他像一个旁观者一样，就这样退出了历史舞台？并且是如此不通人情。主要是因为他过度内向、封闭自我的性格导致的，同事们都以为他是个冷漠的人。

平时在单位里，他总是低着头，很少和同事说话；看到同事有困难，他也从不主动帮忙，即使别人开口请他帮忙，他也总是找这样或那样的借口推辞；开会的时候，他总是找一个角落坐下，一言不发……他好像和别人生活在两个世界里，他没有办法和别人进行正常的交往。因此，他成了一个孤独的人，同事疏远他，领导忽略他，晋升机会远离他……

一个人如果失去了热情，那他就失去了吸引对方的光芒。王海就是一个典型例子。公司是个集体，如果你总是活在自己的世界里，不懂得热情地融入这个大家庭，那慢慢的大家也会感觉你是个不好相处的人，一个冷漠的人，大家对你的主动结交也会变得越来越少，你就会成为一个孤立的人。

热情是驱使一个人永远向上的动力。凭借着热情产生的巨大能量，你能获得更多的朋友，你的人生也将变得更加绚丽多彩。世界上从来就有美丽和兴奋的存在，它本身就是如此动人，如此令人神往，所以我们必须对它敏感，永远不要让自己感觉迟钝、嗅觉不灵，永远不要让自己失去那份应有的热忱。

拥有热情不同于嗓门高，也不是"三分钟热度"，更不是虚情假意。热情是发自内心的一种生命的热度，它从人的眼睛、神态、语言、举止中一致地表现出来，并保持永恒的、真挚的状态。刻意的迎合、过度的热心、忽冷忽热的态度终会被人们识破，从而失去别人的信任。

那么，做一个充满热情的人，需要具备哪些素质呢？

1. 提升自己做事的速度

现代社会已进入节奏感强、竞争激烈的时代，办事永远比人慢半步的人怎么也不会引起人的注意，办事也不会成功。为了给人留下做事积极、用心的深刻印象，事事都比别人快一步是十分有效的。

2. 主动与人结交

要想拥有更多的朋友，与更多的人能聊到一起，那你就需要学会主动结交他人，做一个热情礼貌的人。当你主动了，对方就会觉得你有意与他深交，他就会感受到你的那份热忱，你们之间的桥梁也就顺其自然地搭建起来了。

3. 乐于助人

一个乐于助人的人是更受人尊敬的，因为他浑身散发的是一种正能量，能给人满满的温暖。乐于助人是一种优秀品质，一个内心冷漠的人是很难做到这一点的，生活中，我们要懂得多帮助他人，相信这会回馈你自己更多的幸福感。

聊天密语

热情是一种重要的力量，是一种无穷的动力，是我们需要付出一生的努力去实现的目标。在聊天这门艺术的实践过程中，热情往往散发出无限的魅力，不仅能让聊天者变得热情满满，神采奕奕，更容易促使对方在潜移默化中接受聊天者的意见。

言辞中传达出你对对方的重视

谁也不愿意和一个总是指责自己、给自己找茬的人交往。这种人给人的印象往往是根本就不重视对方。在和别人交往的时候，适当地迎合对

方，会让对方感觉到你是重视他的、尊重他的，这样一来，对方才愿意和你进行更深层次的沟通。

一家公司的效益不是很好，有些员工想要离开这个团队，纷纷向总经理辞职。而总经理只说了一句话就把这些打算离开的员工都留下了。

一个清洁工要辞职，总经理说："你不能够辞职，因为你很重要。"

清洁工说："我的工作谁都可以做，我有什么重要的？"

总经理说："如果没有你每一天都辛苦地打扫卫生，保持办公环境的整洁、健康，其他人怎么能够积极投入到工作中呢？"

清洁工想了想，觉得总经理说得有道理，他收回了辞职报告。

一个司机要辞职，总经理说："你不能够辞职，因为你很重要。"

司机说："开车很多人都会，我有什么重要的？"

总经理说："如果没有你每天辛苦地跑运输，公司的那么多产品怎么能够销售出去呢？"

司机想了想，觉得总经理很重视他，于是也收回了辞职报告。

一个文员来辞职，总经理说："你不能够辞职，因为你很重要。"

文员说："我的文凭不高，工作能力也一般，我有什么重要的？"

总经理说："如果没有你每天辛苦地整理材料，拟定各种合同，公司就会变得一塌糊涂了。"

文员说："经理我不辞职了，我从来都不知道原来我这么重要。"

第二天，总经理在公司的门口挂了一个非常醒目的牌子，上面写着"你很重要"。每一个来上班的员工都能看到，从此以后，公司的经营情况奇迹般地好起来了。因为公司的员工都认识到，对于一个团队来说，他们每一个人都很重要，缺少了他们，团队就不再完整，而团队取得的任何成绩，都是每一个员工的骄傲，团队遇到的问题，都是每一个员工的责任，因此，每一个人都自觉地从我做起，提升团队的价值。

任何一个成功的企业家心里都十分清楚，老板给予属下多少重视，那么属下也就给予老板多少尊重。所以成功人士都把重视员工，尊重下属作为立业之本。这样的道理，适用于人与人交往的每一件事。你对别人表示重视，别人就会觉得在你心中，他是很有分量的，他对于你很重要。这样一来，又有谁不为此感激，不把他当作可以信赖的朋友呢？

在人际关系中，情感交流并非可有可无，你的"不重视"到了对方眼中就成了怠慢。没有人喜欢被人怠慢，如果你不能满足对方"被重视"的需求，对方又怎么可能愿意配合你达到目标呢？一旦对方发现你比他想象的还要重视他，即使你并没有为他做什么，他也会对你心存感激。

那么，在与人聊天的过程中我们该怎样表达出自己对他人的重视呢？

1. 不要一味地批评、谩骂

美国著名企业家杰克·韦尔奇曾说："天下最易使人颓丧不振、冲劲全失的就是来自上级主管的批评、责骂。"抛开那些伤人的话语，随之以各种各样的方式告诉他"你很重要"，受到肯定的人自然会在尊重与肯定下以诚相待、全力以赴帮忙。

2. 给对方充分的信任

"不能没有你""你是我的得力干将""大家都需要你"这些话都传递着信任之情，当对方接收到被信任的讯息时，他便会尽自己的努力保持这份信任，既然自己的确是不可或缺的人物，那为何不将这个人物演绎得更加完美呢？

3. 时刻记住对方的名字

记住对方的名字，对别人来说是一种尊重和重视。在一个陌生的应酬场合，如果你轻松而亲切地叫出了对方的名字，对方一定会感到惊讶和感动——在对方的眼里，自己只是小角色而已，但是你居然叫出了他的名字，这无疑告诉了对方：你很重要。这样一来，你和对方的距离很快就拉近了。

4. 记得为对方留面子

重视对方，还要记得为他留面子。"面子"是一件很重要的事，如果你是个对"面子"无所谓的人，那么你必定是个不受欢迎的人；如果你是个只顾自己面子，却不顾别人面子的人，那么你必定是个总有一天会吃亏的人。

第09章
套近乎有技巧：巧妙交谈拉近彼此的距离

聊天密语

在与他人攀谈时，我们应该激励对方去谈论他自己，这样就会让对方感觉，你对他很有兴趣，很重视他。在你向他传递出这样的信息后，他就会对你产生浓烈的亲切感，对你产生信任，从而使你们的谈话变得更加顺利。

主动交谈，聊天中表达你的真诚

"他应该先主动跟我说话""他应该先跟我打招呼""他应该先做自我介绍……"什么都是"他应该"，难道我们就要永远被动下去吗？这难道是理所当然的反应吗？不去主动，你如何扩大自己的影响力；永远被动，你只能在自己的世界里蜷缩。这些念头虽然已经变成自然的反应，但是，它们却不是待人接物、求人办事应有的正确态度。如果你一直固执于友情应该由对方主动给予的原则，你将交不到朋友，你的影响力也会受到局限。

李冉是一位新婚不久的职场白领，老公在外地工作，她和公婆住在一起。起先，李冉每天回到家里，做完分内事就钻进自己的屋子，像住旅馆一样。这样没多久，她发现婆婆不高兴了。后来，李冉改变了以前的行为，每天工作之余，尽量挤出时间和老人待在一起，边帮他们干家务活，边将自己一天在单位，在路途上的所见所闻所做跟他们唠叨，消除老年人的寂寞感，加强与老人的心理沟通。李冉知道婆婆烹调技术好，剪裁什么也都会，就有意向婆婆请教这方面的知识。做饭时，她就问婆婆当天烧的那种菜怎样烧才好吃，这种菜有几种做法。如果无话可说时，即使自己知道怎么做，也装作不懂去问问。当李冉了解到婆婆爱好跳舞，舞剑，而且是老年协会的主席时，她就和婆婆一起商讨怎样组织好老年人活动，并帮助一起找资料,编排老年迪斯科……如果婆婆拿自己那个时代的标准来要求她时,她就一边干活,一边静静地听,偶尔插上一两句自己的感想。婆婆说的只要有一点对的,她立即表示赞同;如果是她反对的,不愿接受的,她就微微一笑。婆婆对李冉的"微微一笑"心领神会,也就不再强加于她了。另外,她还注意一些小事,比如,看到婆婆不高兴了,就问是不是自己做错了什么事;看到外面下雨,就说买菜不方便,对付吃点算了。不管怎样,只要留意问一句,老人就会觉得媳妇尊敬她,体贴她,关心她,就从心里高兴。

婆媳关系一直是一个非常微妙的话题,想要对婆婆加深感情,你就要懂得主动去交谈,而且要学会主动一点,主动会让对方看到你的真诚,你的用心,你的热情。如果你总是一味地自以为是,不懂主动结交,那你就会给对方留下傲慢无礼、冷漠的印象。不仅是婚姻家庭,职场社交亦如此。

立足社会,一个人的力量是极小的,凡事皆需朋友帮忙。"多个朋友多条路,多个仇人多堵墙。"道理人人皆知,似乎不必赘言。许多时候,你面临的生活问题、工作问题,仅凭个人的力量是很难解决的。如果有很多朋友的话,情况就不一样了,那就容易得多。

那么,我们该如何培养自己积极主动结交朋友的能力呢?

1. 对对方多些了解

如果你想多结交些朋友,你就需要主动地了解对方的兴趣爱好。你可以通过多种方式去获取他们的信息。你要注意与其相处时积累一些有关的情况,你可以通过他们的朋友了解其为人处世,你也可以通过他们的一些个人材料了解他们。

2. 主动向别人进行自我介绍

在结交别人时,主动向别人进行自我介绍是非常有用的,可是一般人都不会主动向别人进行自我介绍,他们大都等别人来打破僵局,这对于结交别人是十分不利的。所以,你应该积极学习大人物主动向人进行自我介绍的勇气,这样才能把自己推销出去。

3. 敢于认识陌生人

每个人都是一个丰富的世界，每个人的经历都是一部精彩的小说。假如我们能与陌生的人发展友情，了解一下他们的内心世界，一定会有许多新奇的感受，学到许多有用的知识，就能产生一种赏心悦目的快乐。

聊天密语

其实，很多时候你的担心都是多余的，我们之所以患得患失，不敢与人主动结交，大多是因为心理在作怪，此时我们不妨迈出步子，大胆去实践一下，那时候你就会发现事情并没有那么困难。不断地尝试，会积累你成功的经验，增强你的自信心，使我们的人际关系越来越好。

"投其所好"，话要说到对方心里

老婆婆要给怀孕的儿媳妇买苹果，走到第一个摊贩前问了一句："老板，你这个苹果酸吗？"老板说："我这个苹果很甜的，一点也不酸。"老婆婆听后便走开了。

老婆婆走到第二个摊贩前又问："老板，你这个苹果酸吗？"老板回答说："我这个苹果很酸很酸的。"老婆婆听完又走了。

老婆婆走到第三个摊贩前再问："老板，你这个苹果酸吗？"老板不急不慢地问："老婆婆，你这个苹果买给谁吃啊？"老婆婆回答："给我怀孕的儿媳妇吃，她喜欢吃酸的，我要多买点给她吃，好帮我生个健康的孙子。"老板说："对啊，孕妇都喜欢吃酸的呢！我有好多客户是怀孕的妈妈，都喜欢吃我们家的苹果，而且我们的苹果酸又脆，孕妇最喜欢。"老婆婆看完后说："好吧！帮我称3斤。"老板称完后，又顺便说了一句："对了，水蜜桃维生素C高，多汁又特别有营养，吃了对孕妇特别好，要不

要顺便带一些呢？"老婆婆听后，非常高兴，于是又买了2斤水蜜桃离开了。

在聊天中，说话要有针对性，要懂得投其所好，把话说到对方的心里，这样才能达到应有的效果。案例中的前两个摊贩只是站在了自身的立场，没从老婆婆的需求考虑，所以无法实现与老婆婆的沟通，更无法卖出自己的水果。

心理学家证明过，人倾向于接近"与之相似"的人。这里的"相似"包括相同的性格、兴趣爱好、思维方式等，也可以归结为"同道中人会惺惺相惜"。所以，如果你和对方成为同道中人，他自然会对你青睐有加。

孙莉是一家报社的编辑，她邀一位名作家写稿，这位作家很不好相处，让很多报社的编辑都非常头疼。所以，孙莉在和他见面前也很紧张。一开始果不出所料，双方各说各的，怎么都谈不到一块儿去。孙莉为此大伤脑筋，决定改天再来。

这一次，孙莉把几天前在一本杂志上看到的有关这位作家近况的报道搬出来，并说："恭喜，您的大作最近要翻译成英文，在美国出版了。"这位作家见对方如此关心自己，就很感兴趣地听下去。孙莉接着问道："您不担心用英文无法完全把自己的风格表现出来吗？"作家说："你说得没错，这正是我所担心的……"就这样，他们在这种融洽气氛中继续谈下去。本来已不抱希望的孙莉，此时又恢复了自信，获得了作家答应写稿的允诺。

在人与人的交流中，说话投其所好是一种高超的表达技巧。要想和他人顺利交往，首先就要学会针对对方感兴趣的话题说话，用动听的语言打开对方的心房。一般而言，当人们的意见、观点一致时，彼此就会相互肯定、信任，反之，就会彼此否定，产生防备心理。

语言能改变一个人的命运。因为在现代社会，即使最简单的事，也需要彼此合作，互相帮忙。因此，投其所好的说话技巧不仅是一个人有"心机"的体现，同时还能为你成大事提供机会。

"投其所好"才能把话说到点子上，想要做到这点，你需要牢记以下

几点：

1. 多加察言观色

你对对方越了解，沟通越有胜算，你可以简单观察对方的穿着、表情，例如，穿新衣，可能代表今天有重要的事；衣服没烫，可能表示最近生活很忙乱；穿西装，可能今天要开会；穿休闲服，可能今天心情很放松。而从一个人的脸部表情，将很容易感受到他的心情。

2. 学会"因人而异"

古人鬼谷子指出：与智慧型的人说话，凭借的是见闻的广博；与见闻广博的人说话，凭借的是辨析的能力；与善辩的人说话，就要简明扼要；对方所喜欢的，就模仿而顺从他；对方所讨厌的，就避开而不谈它。能做到这些，就具备了"投其所好"的条件。

3. 听出对方的心思

专心听别人说话，是找到别人爱好的前提。只要你细心听他的话语，就一定能够了解他对哪些事情是赞同的，对哪些事情是极为反感的。这时，不要触到他的敏感神经，尽量说些对方爱听 的。

聊天密语

运用投其所好的方法可以解决生活中的很多矛盾、问题。投其所好的目的，归根结底还是让对方认同自己、喜爱自己、赞同自己。投其所好，会使说服对方的可能性大大增强。

常联系，让每次的聊天更亲近一步

很多人都有过这样的经历：自己深陷困境，此时想起某人可以救助自己，于是想去联系对方，但仔细一想，自己已经好久没联系他了，此时如果去找他,是不是太现实了?甚至因为太唐突了而担心遭到他的拒绝?但是这有什么办法呢?

王雷毕业之后从事出纳工作多年,后来公司因经营不善,被迫解散,王雷也因此失业了。可是,令他意想不到的是,现在的这份工作是"主动"找上门来的,这得益于几年前他租房时相识的房东张叔叔。

几年前,王雷和很多寻找事业梦想的人一样来到了这个陌生的大城市,为了省钱,他和同事一起在离市区偏远的地方找出租房,赶巧张叔叔打算来房屋中介登记自己的一套房子,准备出租。因此,他们私下沟通,张叔叔打算把房子直接租给王雷他们。

张叔叔要出租的这套房子和眼下住的房子离得不远,隔三岔五还来问候问候这几个年轻人。同时,张叔叔的儿子工作比较忙,不常回家,如果张叔叔有什么需要王雷他们都尽力去帮忙。他们之间的关系还是非常融洽的。

后来,王雷的同事有的打算结婚,要搬出去住了,王雷此时也有能力单独去租房了,因此他们便从这里搬走了。虽然搬走了,但是王雷和张叔叔还是经常联系,毕竟之前的感情还是在的,不管张叔叔有什么需要,王雷都热心去帮。

后来,王雷因公司解散,闲在家中。那段时间他找了好多工作,但是都不合适,于是王雷有些心烦,就一直待在家里。王雷这段时间没跟张叔叔联系,张叔叔感到有些牵挂,于是就去他家坐坐。寒暄之后,张叔叔得知王雷正失业在家,便对王雷说自己的儿子正在经营一家物流公司,现在缺一名数据管理人员,不知道王雷愿不愿意屈就。张叔叔还说,库管数据是一个重要的岗位,交给陌生人有点不放心,王雷是个热心肠的人,做事细心踏实,如果愿意的话,他就把自己推荐过去。

第二天,王雷便去张叔叔儿子的公司报到了。如今张叔叔儿子的公司扩大规模,王雷已经成为片区经理了。

王雷深有感触地说:"机会什么地方都有,只要平时对人真诚、热心一点,多为他人付出,时常联系对方,身边就会有很多的朋友,而朋友多

了路好走,这话一点儿也不假。"

如果王雷在搬家后就不联系张叔叔,那他就没有如今的好机遇了。常联系,彼此的关系才能更近一步,常联系,多个朋友,才能多一条出路。朋友们,我们身边有很多朋友,包括同学、同事甚至见过几次面的人,如果你懂得珍惜这份情谊,多与对方打交道,多加联络,那你的人生之路会好走许多。

现代人的生活都是忙忙碌碌的,很多人没有时间聚会,时间一长,原本牢固的关系也会变得松懈,朋友之间的感情也会变得淡漠,这是很可惜的。所以,即使再忙,也要与朋友多沟通一下感情,感情投资是需要平时一点一滴积累起来的。

那么怎样才能通过经常联系来维持与朋友之间的关系呢?

1. 不要喜新厌旧

如果把朋友比作美酒,那老朋友就像是一坛陈年佳酿,历久弥香;而新朋友就像是刚酿的白酒,虽然鲜香可口,却经不起品味。在社会交往中,我们会交到各种各样的新朋友,但是请大家谨记:有了新朋友,莫忘老朋友,经过岁月沉淀下来的老朋友更知心、更靠谱。

2. 注意把握好时间

有的时候我们的朋友都比较忙,而且也都有各自的生活,这就需要我们把握一些联络的最佳时机,做到既不打扰到对方的工作生活,又能达到联络感情的效果。比如说,我们不要在对方上班的时间打电话给朋友,而应该选择傍晚刚刚下班之后的那段时间。

3. 变动时及时通知

自己不论是升迁、搬家、更换手机号或者发生其他一些重要的变化,切记及时地告知对方。这样会让他觉得,他在你的心目中地位很高,你很重视他。如果你不及时告诉对方,当他联系你的时候才知道你已经搬家,那他就会感到你没把他放在心上,或是淡忘了他。你们的感情也会慢慢变淡甚至失去联系。

聊天密语

我们千万不要平时不联系,一联系就有事相求。抱着"无事不登三宝殿"的心态对待老朋友是非常危险的,对方会认为我们是在用彼此的感情来做交易,根本不看重彼此的情谊,如此再深厚的感情也会土崩瓦解。

第10章

开口就要讨人喜：
懂心理会寒暄才能讨人喜欢

如果你想展开一段对话，那你就要懂得如何与人寒暄、打招呼，否则一开始留不下好印象，怎么可能有人愿意与你聊下去呢？寒暄虽然看似是一些单调直白的话语，但是却不可忽视。因为它是交谈的润滑剂，尤其是在商业活动中，巧妙地寒暄，能够在彼此之间架起一座桥梁，让双方处于温馨和谐的气氛中，进行友好交流。那么，到底如何开口才能讨人喜欢呢？本章我们将会告诉大家如何去做。

为自身添光彩，你需要会说场面话

　　人在社会中，就一定避免不了交际，不管跟谁交流，不管在什么场合，必要的场面话还是要说的。不会说场面话，就显得社交经验不足，影响人际关系的建立。如果不了解场面话，交际就会陷入被动。

　　会说场面话的人，都是交际场中的老手，即使是陌生场合，不论遇到多高身份的人也不会冷场。可见，场面话的运用就像一把打开话匣子的钥匙，它可以帮助你和陌生人顺利地谈话。不管是面对陌生人还是熟悉的朋友、客户，我们都需要学会说场面话，把话说得美美的，这样才能为自身增添更多的光彩。

　　我们来看下面这个案例：

　　汉高祖刘邦灭楚、平定天下之后，开始对他的臣子论功行赏，这时就出现了彼此争功的现象。

　　刘邦认为论功劳萧何最大，封他为侯最合适不过，给他大量的土地也实属应该，可是其他人却不服，私下里议论纷纷。大家都说："平阳侯曹参身受12次伤，而且攻城略地最多，论功劳他应该最大，应当排第一，要封地他也应该占最多。"

　　刘邦心里知道，因为封赏问题，委屈了一些功臣，对萧何是偏爱了一点，可是，在他心目中，萧何确实应该排在首位，可身为皇帝又无法对这一想法明言。

　　正当为难之际，关内侯鄂君似乎揣摩出了刘邦的心思，不顾众大臣反

第10章 开口就要讨人喜：懂心理会寒暄才能讨人喜欢

对，上前说了一些言不由衷的场面话："群臣的意见都不正确，曹参虽功劳很大，攻城略地很多，但那只不过是一时的功劳。皇上与楚霸王对抗5年，丢掉部队、四处逃避的事情时有发生。是萧何常常从关中调派兵员及时填补战线上的漏洞，才保汉王不受太大的损失。

楚、汉在荥阳僵持了好多年，粮草缺乏时，是萧何转运粮食补充关中所需，才不至于断了粮饷啊！再说皇上曾经多次逃奔山东，每次都是因为萧何出力，才使皇上万无一失，如果论功劳，萧何的功劳才称得上是万世之功。现如今，汉王即使少一百个曹参，对大汉王朝又有什么影响呢？难道我们汉朝会因此而灭亡吗？为什么你们认为一时之功高过万世之功呢？所以，我主张萧何排在第一位，而曹参其次。"

刘邦听了关内侯鄂君的话，自然是非常高兴，因为关内侯鄂君的场面话说到了刘邦心坎里。刘邦连忙说："好，好，就这么定了"。

关内侯鄂君因揣摩出刘邦一直想封萧何为侯的心思，然后顺水推舟、投其所好，挑刘邦爱听的话说，把场面话说得美美的，刘邦自然非常高兴，刘邦的心愿落实了，鄂君也因此被刘邦封为"安平侯"，封地超出原来的一倍。

会说话的人往往是人际交往的胜利者。一个人生活在社会上就要与各种各样的人打交道，而良好的人际交往能力又是保持信息畅通，提高工作效率的前提，同时也是一个人生活幸福和事业成功的重要条件。一般而言，会说场面话的人交际能力都很强。

那么，在聊天中我们该如何把场面话说好呢？以下几点将会给你带来一定的指引：

1. 语言中处处流露赞美之情

说好场面话最重要把握两个字——赞美。例如，去别人家做客或赴宴时，要感谢主人的邀请，并盛赞菜肴的丰盛；参加会议，如有机会发言，要称赞会议准备得很周详、很贴心。如此，必能赢得对方的欢心。

2. 不同的人不同的菜

与不同的人谈话，就要采用不同的谈话方式。因人而异，才能把话说活。办事要善于洞察人心，尤其是当你有求于人时，要看对象说话，更要见机行事，刚柔并济，才能逢凶化吉，转难为易，说起话来让别人愿意接受，只有这样，你办起事来才能水到渠成。

3. 修炼自己的厚脸皮

在待人处世中，有的时候，场面话想不说都不行，因为不说，会对你的人际关系多有影响。当然，有些场面话，需要具备厚脸的本领，毕竟很多人不太喜欢恭维或套近乎的话。但是形势所逼，不得不说，所以大家要放下架子，避免过度自尊，否则很难融于环境。

4. 经常使用客套话、场面话和寒暄语

在交际过程中，经常使用客套话、场面话和寒暄语，可以消除陌生心理，促成彼此间的良好交往，正如培根说过的："得体的客套和美好的仪容，都是交际艺术中不可缺少的。"所以，会交际的人应当像司机精通交规一样，熟悉和掌握好各种客套话。

聊天密语

经常参加应酬的人应该更能明白，场面话在交际中真的非常普遍，也非常重要。说好了场面话，你办起事来就容易很多。在人性丛林里进出久的人都懂得说场面话，这不是罪恶，也不是欺骗，而是一种"必要"。

不懂寒暄，不易打开彼此的话匣子

战国时期，秦国趁赵国政权交替之机，大举攻赵，并攻占了赵国三座城。赵国形势危急，只得向齐国求援，但齐国坚持要赵国太后即赵太后的小儿子长安君为人质，才肯出兵。赵太后十分溺爱长安君，执意不肯，还放出话来，哪个大臣敢再劝谏让长安君为人质，她就朝他脸上吐唾沫。

第10章
开口就要讨人喜：懂心理会寒暄才能讨人喜欢

眼见赵国危机日深，抱恙在身的左师触龙不得已前往拜见太后。太后知道触龙肯定是来劝谏的，于是气势汹汹地等着他。触龙拖着病体，一步步急行到太后面前道歉说："我的脚不利索了，连快跑都不能，很久没来看您了。我总担心太后的贵体有什么不舒适，所以想来看望您。"太后看着老态的触龙，不禁生出同感，答道："我也全靠坐车才能走动。"

触龙又问："您每天的饮食该不会减少吧？"太后有些无奈地说："也就是吃点稀粥罢了。"

触龙也感慨道："我现在特别不想吃东西，自己勉强走走，每天走上三四里，才慢慢有点食欲，身体也好了一点。"太后摇摇头，说："这我就做不到了。"聊了这么几句后，太后的脸色已经好转。

触龙接着请求道："我有一个儿子舒祺，年龄最小，不成才，我老了，打心里疼他，想让他做黑衣卫士，来守卫王宫，求太后成全。"太后问了孩子的年纪，觉得合适，于是同意了，还打趣触龙道："你们男人也疼爱小儿子吗？"触龙也笑答："比女人疼儿子还要厉害。"太后摆摆手说："不对，还是女人更疼儿子些。"

触龙看时机成熟，于是接着说道："在我看来，您疼爱女儿燕后就胜过疼爱儿子长安君。"太后连连否认道："你错了，我更疼长安君一些。"触龙又说道："父母疼爱子女，就要为他们考虑长远，您送燕后远嫁时，万分不舍，她出嫁后，您不是不想她，但每逢祭祀，您都会为她祷告，希望她千万不要被赶回来。这难道不是为她做长远之计，希望她能生儿育女，让子孙万代做国君吗？"太后听了频频点头。

接着，触龙又为太后分析，无论是赵国，还是其他诸侯国，追溯到三代以前，那时候被封侯的子孙到现在大都已经后继无人了，之所以会这样，是因为这些国君的子孙们居高位，享优遇，但国于民却无半点功勋，所以难以持久。而赵太后现在只知道给长安君最好的地位与享受，却不趁早让他为国立功，一旦太后去世，长安君凭什么在赵国立足呢？所以，触龙才认为赵太后为长安君打算得太少，疼他比不上疼燕后。一番话惊醒梦中人，赵太后恍然大悟，立刻同意将长安君送去齐国为人质，最后搬动了齐国的救兵，解了赵国之围。

《触龙说赵太后》的故事相信很多人都读过，面见赵太后，触龙并未提及正事，而是先和太后聊了聊各自的身体，说了些生活感触，只言片语中就轻松地让对方卸下了对自己的戒备之心，太后的脸色逐渐好转，触龙也开始一步步进入主题。其实，触龙也正是通过寒暄展开的话题，大家不要小看他的寒暄，如果没有一开始的寒暄，那触龙将会激怒太后，下面的话题完全没有机会打开，说服的目的也不可能达到。

寒暄虽然是一些简单的话语，但却不可忽视。有人因怕麻烦而懒于搭话，或金口难开而不屑于启齿，这些都会给双方交流造成障碍。如果交流双方中，有一方积极热情地向对方寒暄，比如早晨见面，一声"早上好！"的问候，使对方感到自己受到尊重，自尊心理得到某种满足，就会唤起他的积极情绪，或回之以"早上好！"的问候，或报之以真诚的微笑。

那么，朋友们，你知道该如何寒暄才能把话说到对方的心里，顺利展开话题吗？

1. 要懂得因人而异

你可以准备一套常用且实用的说辞，但是，寒暄也要注意因人而异，不要对谁都是一个说法。恰当的、适度的寒暄有益于交流，而过多溢美之词会让人觉得虚伪。有经验的聊天者总是善于从寒暄中找到契机转入正题，言归正传。

2. 话语简短不啰唆

我们不管做什么事情都要有个"度"，寒暄也同样如此。适度的寒暄有利于打开谈话的局面，但切忌没完没了，一直在寒暄、问候，时间过长。要善于从寒暄中找到契机，因势利导，言归正传。

3. 选择对方感兴趣的话题

我们寒暄的内容可以是多方面的，比如，天气冷暖、身体健康、风土人情、新闻要事等，我们尽量用语言把话题引到客户感兴趣的话题上，但是寒暄时具体话题的选择要讲究，要注意话题的轻松性，话题的切入要自

然一些。

聊天密语

寒暄不是可有可无的废话，如果你想成为一个聊天高手，你就必须懂寒暄。当今时代，很多人做事过于浮躁，急功近利，说话也是如此，聊天一开始，就直奔着目的去，忽视了人类情感的铺垫。这种目的性极强的谈话方式，不是不好，只是它透着浓重的功利色彩，很容易让人产生反感的情绪。

介绍的礼仪，你需要熟练地掌握

与陌生人见面，最为重要的就是要做好自我介绍，以让对方记住你。聪明的人，在进行自我介绍时，善于用简短的语言表达自己的志趣和理想，让人在不自觉间给自己贴上"价值标签"，从而牢记自己。

李晗是某公司新来的员工，在迎新聚会上，李晗这样介绍自己："各位前辈，你们好。我叫李晗，大家叫我小李好啦。我兴趣广泛，喜欢交朋友，可是我有一个很大的缺点，那就是很'自卑'。"

在说自己自卑这句话的时候，李晗还故意停顿了一下，就在大家纳闷的时候，李晗又继续说道："因为我喜欢打篮球，可是打不过姚明，我喜欢唱歌，我唱不过陈奕迅，我喜欢这份工作，可是我现在一点工作经验都没有，在接下来的工作中，我希望各位前辈能不吝指教，多多帮助，带我走出自卑心理，谢谢大家。"

听了李晗的自我介绍，大家哈哈大笑，记住了这个幽默又谦虚的新人。

与陌生人相见，如果你想跟对方谈下去，你首先就要进行一番自我介绍。自我介绍的方式有很多，案例中李晗运用的是幽默法，经过他幽默的言谈，不仅拉近了自己和同事之间的距离，还让大家迅速而又有好感地认识自己，这种方法值得大家借鉴。

我们继续看下面这个案例：

徐旭参加了去年某大型国企的招聘会，应聘者很多，一直排到会场门外，这样每一位应聘者与面试官只有几分钟交谈的时间。如何在这么短的时间里吸引面试官的注意，并顺利进入复试呢？徐旭运用了一点小技巧，他放弃了常规平凡的自我介绍，而是着重给面试官介绍自己在校期间完成的一个项目，他还引用了导师的评价作为佐证。正是这与众不同的自我介绍让徐旭顺利闯过这种海选般的面试。

在公众场合，别出心裁的自我介绍能给人留下深刻的印象，也是获得好人缘的一条捷径。人们都有先入为主的思想，你首次给人留下的印象不好对你接下来的表现会有很大的影响。设计好最初的开场白，也是与人建立良好人际关系的一条重要捷径。

那么，自我介绍中有什么技巧呢？

1. 自我介绍还应该注意态度

别人要求你作一分钟自我介绍，你却滔滔不绝说了三分钟，无论是比赛还是求职，你一定会被认为是总结能力差、爱出风头，必然会被淘汰；别人要求你作三分钟左右的自我介绍，你却用不到一分钟的时间解决了问题，别人不会认为你效率高、语言精练，却会认为你情绪紧张、思维滞涩、言语贫乏。

2. 言谈中保持自信

自信的人更有魅力。一般对于自信的人，大家都会另眼相看，产生好感；相反，如果你畏怯和紧张，可能会使对方产生相应的情绪反应，从而对你的谈话就会有所保留，使彼此之间的沟通产生阻隔。

3. 不要过分自夸

其实，如果对自己做过多的夸耀，反而会引起对方的反感。谈论自己的话题，应避免一些夸大的形容词，把话讲得客观真实，尽量用真实的事

例去证明你所说的问题，向对方显露你的才华。

聊天密语

自我介绍是陌生人走近和了解你的第一个环节，也是极为重要的环节，千万不要忽视它。不要在随意地与对方说一些客套话之后，才把自己准备好的长篇大论，絮絮叨叨地说出来。因为，要想给人留下好印象，你必须重视那些"最表面的""最初期的""最先开始"的东西，它们很可能就奠定了你和某人长久交往的基调。

说话真诚，让人感受到你的内心

北宋词人晏殊以说话真诚著称。在晏殊十四岁的时候，有一次参加殿试，宋真宗出了一道题。晏殊看了一眼试题之后，说："陛下，十天以前我已经做过这个题目了，就请陛下另外再出一个题目吧！"宋真宗见晏殊如此真诚，对他十分信任，并赐予了"同进士出身"。

晏殊在任职期间，其他大小官员都出去吃喝玩乐了，他却在家里与朋友们闭门读书。有一次，宋真宗点名要晏殊担任辅佐太子，对此，许多大臣都很疑惑，怎么会点一个"同进士出身"的人呢？宋真宗说："近来大小官员经常出门吃喝玩乐，唯有晏殊与朋友们每天在家读书、书写文章，如此自我谨慎，难道不是最合适的人选吗？"晏殊听了后笑了，他向宋真宗谢恩，然后解释道："其实我也是一个喜欢游玩的人，但因家里贫穷无法出去，如果我有钱，也早就溜出去玩了。"宋真宗听了，十分赞叹晏殊说话的真诚，对他也就更加信任了。

白居易曾说："动人心者莫先乎情。"谈吐的魅力，不在于说得多么华丽、说得多么流畅，而在于说得多么用心、多么诚恳。在说话时捧出了一颗火热至诚的心，对方很难不被感动；用得体的语言表达出自己的真诚，对方也很难不信任你。

金明是某公司的老板，这段时间他疯狂地迷上了打篮球，一连几个周末他都泡在篮球场。这还不算，这一天金明突发奇想，要把公司的停车场改建成篮球场，以方便随时打篮球。他的这一想法一提出，员工们在心里就产生了不满情绪。因为这不但会涉及公司资金的周转问题，还会给员工的上下班带来不便。所以，对于金明的这个想法，员工们基本上都持反对意见，可是大家都只是敢想不敢说，害怕惹怒了老板。

韩江作为金明的秘书，他觉得自己有义务向老板反映这个情况，以免老板强制执行这个想法，会招来员工们的极大不满。

这天，利用下班的空当，韩江走进金明的办公室。

韩江："金哥，我知道您一向是个乐于纳谏的好上级。我现在有个建议，不知道您想不想听？"

金明："哦，是吗？说说看。"

韩江："我知道您想把停车场改建成篮球场，是为了方便大家在下班之余放松身心，同时达到锻炼身体的目的。可是这样一来，有可能会产生一些麻烦。"

金明："什么麻烦？"

韩江："您也知道，公司最近的资金周转有些困难，恐怕没有多余的资金来改建篮球场了，而且停车场一旦改成了篮球场，这会给员工们的停车带来极大的麻烦，这也不利于员工们的正常上下班啊。其实您喜欢打篮球，可以到公司附近的篮球馆去打，这样既满足了您的个人需求，也不会给公司带来其他影响，您觉得呢？"

金明思索片刻后说："嗯，你说得挺对的，那就不改建篮球场了吧。"

韩江通过自己真诚的话语，让金明感受到了对他的尊重和负责，从而让金明乐于纳谏，金明对他的好感也更添一分了。

韩江说话真诚，站在大家的角度考虑问题，诚恳谏言，他的言辞得到了金明的采纳，这就是真诚的力量。人贵在真实。真诚的语言才能打动

人。炫耀、吹牛和虚伪的奉迎只会让人觉得假惺惺，甚至起鸡皮疙瘩。

真诚待人，收获的是一份信任，一个真正的朋友。在与他人打交道的过程中，如果防备猜疑被诚信取代，就往往能获得出乎意料的好成绩。所以说，不论如何，我们都不要丢了内心的那份真诚。那么，如何做到这一点呢？

1. 保持一个真实的自我

保持一个真实的自我并不等于要使自己与别人格格不入或标新立异，甚至明明知道自己错了或具有某种不良习惯而固执不改，而是保持自己区别于他人的独特、健康的个性。那些具有个性的人，都具备一定的魅力。

2. 远离欺诈手段

真诚，最忌讳的是使用欺骗手段，欺骗也许能得一时之利，却不能维持长久。如果你的欺骗日久为人察觉，即使你真的有诚意，仍会被认为是另一种姿态的虚伪。

3. 不过分掩饰自己

没有什么能够掩饰真心和诚意。一个真诚坦白的人从不介意把自己暴露在别人面前，不介意让人观察和理解。虽然这么做需要勇气——因为一个人的弱点、错误、动机都将暴露在外，但是，一个愿意冒这样的风险达到坦诚境界的人也更容易获得他人的信任。

聊天密语

假如一个人的言语中透露出来的是真诚，那他就会极易打动对方的心，真诚是一种宝贵的财富，谁都愿意与真诚的人做朋友，谁也都喜欢听真诚的人说话。能够打动人心的话语，才可称得上是"金口玉言""一字千金"。

多为他人着想，轻易间就可打动对方

每个人会面临各种复杂的问题，问题中不仅牵扯自己，还有可能牵扯很多的人，如果你置身其中，只考虑自己的利益，置他人利益于不顾，那你就会极易伤害到对方，换个角度来看，你也在间接地伤害自己。凡事设身处地，换一角度为他人着想，原本疑惑不解的问题，都可能会变得豁然开朗并迎刃而解。如果大家想在人际交往中受欢迎，那就做个为他人着想的人吧，自私自利的人是不会受人喜爱的。

徐敏是某个学校的中学生，她有漂亮的外貌和富裕的家庭，但是她的学习成绩非常不好，尤其是数学，她经常感到不快乐。可是不管她怎么努力，都找不到学习的方法，由于自身性格比较内向，她也不太爱寻求帮助，于是她每天都为自己的数学成绩拖后腿而闷闷不乐。

有的时候，徐敏会看到一些快乐的陌生人，每逢这时她就会很羡慕他们。这一天，放学回家的时候，她不自觉地放慢脚步，因为她想趁这个机会观察一下别人的快乐，她想知道怎样才能变得快乐。

一路上，她看到了很多开怀大笑或者表情惬意的人，但她还是不明白他们快乐的原因。正在这时，天下起雨来，她收起思绪打开了伞匆匆往家里走。

走着走着，忽然看见远处出现一个瘦小的身影，是个老奶奶，这个老奶奶忘带伞了，她一手拿着一个手提袋，一手遮着头急急忙忙地挪着步子。徐敏停下脚步，想：我可不能不帮她啊，万一淋了雨得了感冒，多难受。但是回家晚了妈妈会责备我的，怎么办呢？徐敏犹豫不决，她望了望那个老奶奶，狠狠心决定先送她回家。

徐敏连忙叫老奶奶到伞下避雨，问清老奶奶的住处，两人就迈开步子向目的地走去。一路上，徐敏还故意把伞往老奶奶那边移，老奶奶没被雨淋着，她自己的半边身子倒被淋湿了。

人与人之间的关系都是相互的，如果你懂得为别人着想，那么别人自

然就会愿意为你着想。假如做事情总是将自己放在首位，总是做一些损人利己的行为，那么时间久了就没有人愿意和你打交道了。不管是为了我们自己还是为了整个社会的和谐，我们都需要为别人着想。

如果每个人都懂得换位思考，愿意站在别人的角度考虑问题，就算不能对别人有所帮助，也能让自己更了解他人，更了解问题的所在，不致因偏见发生错误，因误会产生不和。换位思考是改善人际关系的第一步，也是最有效的方法。

做一个为他人着想的人，你需要做到以下几点：

1. 了解他人的喜好

每个人都有自己的喜好，就像一桌饭菜，有人爱咸，有人爱淡；有人夸咸的入味，有人夸淡的养生。不要勉强别人接受自己的喜好，尽量尊重那些你不理解的人，就是最大限度地为他人着想。即使那些有"怪癖"的人，和你相处也会觉得轻松愉快。

2. 站在对方的角度来看问题

要想真正做到换位思考，你就必须学会站在对方的角度来看问题，以别人的心境来考虑问题，像感受自己那样去感受别人。可惜的是，很多人不会换位思考或很难做到，他们要么站在自身的立场上考虑自身的感受，要么就是想当然地情绪化地设想别人的感受。

3. 为人多一点爱心

"爱人者，人恒爱之"是《孟子·离娄下》中的一句话，这句话讲了一个最简单易懂的互换道理，爱别人的人，人们也会爱他。当人们与他人相处时，都先想到他人，都先想到要奉献自己的爱心，那么每个人付出的只是自己的一份爱心，收获的却可能是千千万万份爱心。

聊天密语

懂得为他人考虑是一种修养，还是一种礼貌。这样的人，人们会加倍爱戴。反之，则会遭人厌弃。哈佛大学教授反复强调，人际交往中唯一的原则就是站在对方的角度看问题，为他人考虑。

"谢谢"常挂嘴边，他人从心底喜欢你

陈亮亮是部门最不受欢迎的员工，是因为自己是新人吗？不是，和自己一同进来的王毅就挺受领导喜欢的，是因为自己业绩不好吗？也不是，几个老员工的业绩还不如自己呢。最终，陈亮亮相信了爸爸的话，都怪自己那张不会说话的嘴，于是下决心改变。

这个月，陈亮亮碰到了一个美差，领导居然派自己代表公司去江西开会。陈亮亮喜滋滋的，因为他最喜欢旅游了，不过后来听同事说，原来这个机会是没有人去了才轮到他的，但陈亮亮不介意。在接到任务之后，陈亮亮对领导说了声："谢谢，感谢领导给我这个机会，我一定不辜负领导的厚望。"领导对于平时愣头愣脑的陈亮亮今天说出这么多溢美之词，甚是奇怪和惊喜。

令领导更惊喜的是，陈亮亮从江西回来之后，给自己带回一件做工精巧的瓷器花瓶，在这份礼物里，陈亮亮还写了一张感谢领导的便条。领导知道陈亮亮开窍了，终于懂得和自己搞好关系了，虽然陈亮亮的话不多，但是正因为话不多，听着他的感谢话就比那些溢美之词更受用。在以后的日子里，领导也开始对陈亮亮多多照顾了。

在生活中，我们经常听到诸如"谢谢您""多谢关照"之类的话。这样的话可以向别人表示感谢，能沟通人与人的心灵，建立融洽的人际关系。这些感谢词本来没有什么，但是一经说出，却产生了显著的效果，它缩短了与他人之间的距离，从而使交往变得更顺畅。

几年前，李航还是基层车间的一名技术工。后来厂宣传科的刘科长见李航文笔不错，顶着压力将李航调进宣传科当了宣传干事。

不到两年时间，李航又被抽到厂办当了秘书，而且颇受厂长赏识。但

是，李航对刘科长的知遇之恩一直牢记在心。

刘科长和李航在工作中常常碰面，李航总是面带微笑热情主动地和刘科长打招呼。李航常常在背地里对别人说起刘科长对自己的恩惠，自己又是如何地感激刘科长。

有时由于工作原因需要和刘科长同在一桌招待客人，李航除了向刘科长敬酒外，还公开说自己是刘科长一手培养起来的，自己十分感激刘科长。

李航在节假日还经常与刘科长进行感情交流，或向刘科长讨教写作经验，或到刘科长家和他下棋打牌。刘科长也逢人便夸李航重感情，是好样儿的，两人的感情与日俱增。

一个懂得时常说"谢谢"的人更讨人喜欢，一个懂得感恩的人更令人赞扬。所谓"滴水之恩当涌泉相报"，如果你连感恩的心都丢了，你还如何在社会立足？还如何赢得更多人脉？

说声"谢谢"本是世界上最容易，也最为可靠的办法，平时多说声"谢谢"，不仅能成功地展开工作和取得与别人合作的机会，还能赢得友谊和影响周围的人。

谢谢，是礼貌的要求，也是感恩、知恩图报的表现。谢谢，代表着修养、气度、回报、认同、赞赏等，要在这方面提升自己的气度，我们可以从以下几个方面进行修炼：

1. 表达感谢要及时

感谢的话要第一时间说出来。当接受朋友恩惠或帮忙时，千万不要存有"感激之言留着以后再说"的心理，唯有懂得适时表达感谢之意的人，才能于所到之处皆受人喜爱，受人欢迎。

2. 时刻带着感恩的心

学会感恩，学会理解爱、给予爱，学会用宽阔的胸襟包容生活。感恩的心为你创造快乐的奇迹。常怀感恩之心，心里必定充满快乐。

3. 表达你的回报之心

要在表达感谢的基础上进一步，你就向对方表示回报。对方给你提供帮助，也许并不要求回报，但你可以表达你的心意："谢谢你，下次有需要帮忙的地方，和我说一声。"当然，你这样说绝不是一句客套，你一定要说到做到。

4. 表情自然，吐字清晰

表达你的感激之情的时候，表情要自然，吐字要清晰，不要吞吞吐吐，含糊其词，那样会给对方一种做作的感觉。你需要表达你的感激的时候，一定是别人做了对你有帮助的事，你是受益者，所以你的感情应当是充满快乐的，表述的方式应该是直截了当的。

聊天密语

说"谢谢"不仅仅是一种礼貌，更是一门学问，一种智慧。要常对对方说"谢谢"，让对方知道你很感动，他很重要。这样，双方会更以彼此为重，感情会更加深厚。

第11章

细节不可忽视：于细微处塑造良好形象

与人交往，我们不仅能从大处看人，其实，很多细节也是反映一个人素质及形象的重要方面，以小见大，不可忽视。所以说，如果你想给他人留下好的印象，你就不能忽视细节。聊天中，我们需要注意的东西的确很多，但是任何一件事都要谨慎对待，如果你对生活、对他人、对自己多用一点心，那你还怕有什么事情做不好呢？

不要自以为是，否则丢脸的是自己

凯文即将步入社会，爸爸特意打电话交代："进了公司以后，少说话，多办事，谦虚点，别在同事领导面前炫耀。"凯文左耳进右耳出，挂了电话就把这件事忘得一干二净。

凯文头脑聪明，一表人才，口才也好，他高中在英国留学，大学就读于美国一所著名大学。有这样的资本，凯文自觉高人一等，进了公司后，看到同一办公室的人有的是专科生，有的是普通大学的本科生，难免得意，经常纠正别人的工作错误，业余时间就和同事大侃他在美国留学时遇到的大师，还大谈特谈自己在著名跨国企业的实习经历。

令凯文不解的是，似乎没有人羡慕他的经历，大家只是客套地恭维几句。在工作上，没有人愿意帮助凯文，凯文遇到了问题想要找人帮忙，多半得到不冷不热的一句："咦，你不是××大学的吗？连这个都不会？"凯文打电话和爸爸说了这件事，哀叹同事们忌妒心太强。爸爸说："我特意交代的话你一句都不记得，不是同事忌妒你，是你太自以为是，业务还不精通就敢到处吹牛，怎么能不惹人讨厌呢？"

自以为是，会让你迷失自己；自以为是，会让你骄傲自满；自以为是，会让你招致更多的反感……如果你有自以为是的毛病，那很多人就不愿意与你聊天，你的受欢迎度也会非常低。"自以为是"这个词，无论放在哪里都是个贬义词，恐怕不会有人认为自己是个自以为是的人。殊不知，很多人都不自觉地被"自以为是"所束缚。因为我们内心那个可怕的

"自我"的表现之一就是：自以为是。

三国时期的祢衡很有才华，但性情高傲，总是看不起别人。有人对祢衡说："你何不去许都，同名人陈长文、司马伯达结交呀？"祢衡说："我怎么能和卖肉打酒的小伙计们混在一起呢？"又有人问他："荀文若、越稚长将军又怎么样呢？"祢衡说："荀文若外貌长得还可以，让他替人吊丧还行；越稚长嘛，肚子大，很能吃，可以让他去监厨请客。"

祢衡和鲁国公孔融及杨修比较友好，常常称赞他们，但那称赞却也傲得很："大儿孔文举，小儿杨祖德，其余的都是庸碌之辈，不值一提。"祢衡称孔融为大儿，其实他比孔融小了将近一半的年龄。孔融很器重祢衡之才，除了上表向朝廷推荐之外，还多次在曹操面前夸奖他。于是曹操便很想见见祢衡，但祢衡自称有狂疾，不但不肯去见曹操，反而说了许多难听的话。曹操十分恼怒，但念他颇有才气，又不愿贸然杀他。但后来，祢衡屡次侮辱曹操以及他手下的官员，最终被杀。

祢衡虽有才，但太傲气了，因而即便才华横溢，终究是一狂傲文人，没有什么大的作为，反而因才高气傲毁了自己，遭后人耻笑。

自以为是，自毁前途，甚至搭上性命，希望祢衡的故事能给那些自以为是的人一些警示。马尔科姆·福布斯在其所著的《思想》一书中曾援引巴尔塔沙·葛拉西安的话说："人若天天表现自己，就拿不出使人感到惊讶的东西。必须经常把一些新鲜的东西保留起来。对那些每天只拿出一点招数的人，别人始终保持着期望，任何人都对他的能力摸不着底。"

自以为是，其实在他人看来什么都不是，只不过自己活在自己的虚荣与骄傲里罢了。只有尽早摆脱这样的心理，才能更清醒地认识自己，认识他人，才能塑造一个良好的自我形象，获取更多人的赞赏。

一个人自信一点儿会更加有魅力，但是千万不要过于自以为是，太自以为是的人是招人厌烦的。一个总是喜欢炫耀自己，数落他人的人是很可怕的。谁也不想与一个永远不认输、高高在上的人交朋友，因为朋友之间应该是平等的。那么，我们该如何避免自以为是或者改正自以为是的习惯呢?

1. 看清自己

看清自己的方法有很多种，如自我反省、听取他人意见等。只要去做，我们就能把自己分析得更为全面和细致，从而有计划地去弥补不足，在成功的道路上做好一件又一件事情。

2. 懂得适度收敛

有时表现十分的能力，有时则只表现八分，好让别人也有表现的机会，就好比一位超级球员，尽管个人得分能力超强，可也应给队友传传球，让大家都有机会表现。许多人都知道"山外有山，天外有天，能人背后有能人"的道理。这是一种与人共事的艺术。

3. 保持谦逊的态度

虚心地取人之长，补己之短，这是一种优良品质。诚然，谁都不可能成为无所不能、万事皆通的全才，然而，只要虚心向别人学习，善于把别人的长处变成自己的长处，那么他必定会越来越聪明，越来越进步。

聊天密语

自以为是其实是很可怕的，它会让人陷入自我的沼泽，变得偏执而又自大，这样的人是意识不到自己的问题的，更不用提虚心接受他人的意见了。世界太大，我们太小，还有很多东西是我们所不了解的，一言一行都要保持谦逊，理智地看待世界。

谈吐优雅，让自己多一份美丽

优雅的谈吐就像一朵美丽的花，给人一种很舒畅愉快的感觉。它除了是一种注重礼貌、礼节的外在表现，更体现着一个人的内在修养。所以，

第11章
细节不可忽视：于细微处塑造良好形象

在和别人交谈时应谈吐优雅，这样会为你赢得别人的青睐。

戴雯雯现在是一家跨国企业的市场总监，回想自己刚进入这家公司的时候，她感慨颇多。那个时候，刚从美国留学回国的她被推荐来这家公司面试，当时这家公司只招聘5位员工，但应聘的人数却已经超过50人，他们不是学历很高的留学生，就是经验丰富的精英，戴雯雯算是最不起眼的一个，勉强通过笔试的她，是在众多进入笔试的应聘者中最不受重视的一个，而戴雯雯自己也觉得被录取的可能性不大，但她依旧愿意尝试，想把这次经历当成一种历练，于是，她积极地准备着接下来的面试。

终于到了最关键的一天，公司的高层也到场了，他们要在最终进入面试的10位面试者中选出5位，戴雯雯看着和自己分到一组的那个女孩，漂亮得让人"气愤"，但她告诉自己，不要慌，做好自己就好，这又不是选美，无论成败全当练习，但一定要让人们看到最好的自己。

当时有一个考试题目是"你认为怎样能做好一个市场专员"。戴雯雯娓娓而谈："我认为市场专员的首要标准不是容貌，而是要看她是否具有良好的与客户沟通的能力以及是否有强烈与客户沟通的欲望。我希望能够得到这个机会，因为我知道贵公司近一段时间以及日后很长一段时间都会将主要精力放在旅游产品的开发及推广之上，而我个人非常喜欢旅游，人与大自然相亲相近的快感是无与伦比的，我要把自己的这些感受与我的客户分享……"

戴雯雯不失幽默地说了半个多小时，她的语言流畅，神态自若，思维严谨，很快就赢得了诸位领导的赏识。人们不再关注她是否长得漂亮，而是被她优雅的表现深深吸引了。

谈吐优雅、举止大方，是一个人在社交场上应该具备的良好形象。人与人之间在交往的过程中，能否有一个更好的交流，是不是能沟通起来畅通无阻，关键取决于交际者的谈吐，取决于交往双方以一种什么样的语言方式进行交流。案例中的戴雯雯就是通过自己优雅的谈吐征服了面试官，成功应聘到公司的。

朋友们，就算你长得再美、身份再尊贵、文化水平再高、经济实力再强大，如果你谈吐低俗，语言粗暴无礼，那你的修养就是浅薄的，你的品位也是低俗的。要记住，为了在交往中成为受欢迎的人，优雅的谈吐是必不可少的。

1. 保持语言的平等

无论与谁交谈都要平等相待。与上级、长辈交谈不要卑躬屈膝、低声下气；和下级、晚辈交谈，态度要和蔼、不要居高临下；与客户交谈应大方得体，表情自然，还要讲究交谈方法；为了表达某些内容作手势时，动作不宜过大，不要手舞足蹈，更不要用手指着对方讲话。

2. 时刻为自己充电

一个人在社交场合中，说话自如，举止优雅，并不仅仅是技巧性的问题，她们是经过了对生活的思考、学习和感悟才会如此谈笑自如。所以，生活中，你应该注重学习，对一切要善于思考，发掘事物本质的东西，以此锻炼自己的思考能力和判断能力。

3. 处以"礼"为先

想要成为谈吐优雅的人，必须处处以"礼"为先。俗话说："礼多人不怪。"这里的礼可以理解为有礼貌、讲礼仪。一个谈吐优雅的人，无论与谁交往，他总是用语谦逊、文雅，时刻表现出自己的尊敬之情，因而更容易得到他人的尊重。

4. 绝不说粗俗的脏话

社交场上，谈吐优雅的人，会很好地控制自己的情绪，绝不会时刻把粗话挂在嘴边。一个穿着高贵、举止优雅有风度的人出口便是脏话，只会降低他在人们心目中的地位。在与他人的交往中，使用文明的语言，不仅是对对方的尊重，也是自身文化素养的最好体现。

5. 注意说话音量、音调

与人交流时，谈话的内容要简明扼要，语言要准确、精练、通俗易懂，还要吐字清晰，音量要适度，以对方听清楚为准，切忌大声说话；语调要平稳，尽量不用或少用语气词，使听者感到亲切自然。

第11章
细节不可忽视：于细微处塑造良好形象

聊天密语

交谈，是人类交际最直接、最普遍的一种方法，这种方法也越来越受人重视。如果你学会了这个方法、这门艺术，那你就会越来越受大家欢迎，成为一个被人喜欢的角色，如果你不懂如何交谈、聊天，那你就极易陷入被动状态，处处遭遇"话不投机半句多"的窘境。

不懂装懂，其实是很可笑的行为

如果凡事都一无所知，心里便容易产生唯恐落于人后的压迫感，这也是人们常见的心态。在绝不服输或"输人不输阵"的好胜心作祟下，一些一知半解的人处处装腔作势、不懂装懂，以此来保全自己的面子。这样的人并非直率，就连单纯的事他都要咬文嚼字地卖弄一番，看起来好像很精于大道理，一副什么都懂的样子，说穿了只是由于强烈的自我表现欲所产生的虚荣心在作祟。

有这样一个故事，也是一个笑话，相信大家看了之后也会有所反思：

从前，有一个北方商人到南方去做生意。初来乍到，很多东西都不懂，但是这人有一毛病，就是太好面子，处处都要显出自己很有文化，又有见识的样子。

一次，当地的一个商人想与这个北方商人做生意，于是请他到茶楼谈谈。生意上的事情谈得很顺利，两个人也很投缘。过了几天，南方商人带着仆人给北方商人送去一篮子菱角，南方商人说这是刚采摘回来的，请北方商人尝一尝。这位好面子的北方商人从未见过菱角，可是又不肯开口问人家，于是拿起一只菱角，直接放进了嘴里。

南方商人看到北方商人这一举动，很是诧异，于是问他，"这菱角是要剥了皮才能吃的，你怎么连皮一起放进嘴里呀？"

北方商人明知道自己错了，可是死要面子，只好将错就错。于是他一本正经地说，"我最近正好有些燥热上火，吃皮可以去去火。"

南方商人很是好奇，"我们吃了这么多年，从来不知道菱角皮可以去火，看来你家里也种很多吧？"

北方商人回答道，"是很多啊，我们家乡，山前山后长的都是这个东西。"

正说着，突然只听北方商人捂住嘴一声惨叫，嘴里满是鲜血，南方商人赶快命仆人去叫郎中。这时屋子里的人都忍不住偷笑起来，北方商人的样子十分狼狈。

待到南方商人详细地跟他介绍了菱角的特性，北方商人才知道，原来自己因为不懂装懂不仅闹了大笑话，还吃了苦头。

看完这个笑话，相信很多人都感到无语，但是生活中这种不懂装懂，说话死要面子的人又何尝是少数呢？因为好面子，不懂装懂，这是很多人的通病。这些人没有过人的智慧，却装出一副什么都知道的样子，借此来抬高自己的身价。殊不知，这样做不但得不到他人的尊敬，反而会让别人敬而远之。所以，在人际交往中，一定要谨言慎行，切忌不懂装懂。

那么，在聊天中我们该如何克服这种"不懂装懂"的心理呢？

1. 摆脱自身的虚荣心

越是虚荣的人，越是不能事事精通，但是越是虚荣的人，却越爱表现，常常不懂装懂，自以为是。比如，他们对于某种学问技术不过初窥门径，还未登堂，更未入室，居然自命为专家，到处宣扬，一副煞有介事的样子。

2. 正视自己的缺点和不足

任何人都有自己的专长和特点，不可能任何事情都精通。能够承认自己的不足和缺点并不是什么丢人的事情，而如果把自己抬得很高，总是装出一副不懂装懂的样子，那么等到大家知道真相之后，就会对这个人产生不信任甚至怀疑，自然就不愿意和这个人打交道了。

3. 不懂的地方虚心请教他人

子曰:"知之为知之,不知为不知,是知也。"我们对于文化知识和其他知识,在你不懂的时候,就应该虚心地向懂的人请教,虚心学习,尽可能地充实自己。不懂的地方只要努力充实就好了。

聊天密语

不懂装懂,在不知一二的人面前,或许你能吹出一片天地;但是,在明白人面前,你就要丢脸了。不懂装懂,是对内心无知的掩饰,说得越多,闹的笑话就越多。此外,不懂装懂也是不诚实的表现,会让人对你大失所望。

让"我们"替代"我",谈话更亲近

燕燕和阿洛是一对新婚夫妇,燕燕对阿洛说:"从此以后,就不能说'你的''我的',要说'我们的'",阿洛点头称是。一会儿,燕燕问阿洛:"亲爱的,我们今天去哪儿啊?"阿洛说:"去我舅舅家。"燕燕就不乐意了,纠正说:"是去我们舅舅家。"阿洛去洗手间,很久了还不出来。燕燕问:"亲爱的,你在里面干吗呢?"阿洛答道:"我在刮我们的胡子。"

这段话比较搞笑,但是认真想想,这何尝不是一种拉近彼此距离的好方式呢?"我们"与"我",虽然一字之差,却表达了截然不同的两种态度。在家庭中如此,在人际交往中也是如此。

王翰在某大型电器商场做销售员,他主要负责笔记本电脑的销售。

有一天一大早,来了一位四十多岁的大姐,怒气冲冲地吼道:"小伙子,我问问你,你这是卖的是不是假冒伪劣产品,我上个月才从你这里买的笔记本电脑，花了我五千块钱，竟然用了没多久，隔三岔五就出毛病，要不就蓝屏，要不就卡得一动不动，你说吧，你必须给我个交代，简直就是骗子，你们这些做销售的，就知道坑人，真是没良心，真是气死人了！"

王翰立即意识到可能是产品的质量出了问题，于是他微笑着说："大姐，您先消消气好不好，先坐坐，别着急，其实我们都是一样的，在下班的时候，我们是一样的消费者，所以您的心情我能理解。我们都不想买到低劣的产品。这样，您把笔记本电脑拿来，并带上相关单据，我们一起与生产厂家协调一下。您看这样可以吗？"

这位大姐听完王翰的一番话，觉得有些道理，气也消了一半，感觉这个销售人员很能体会自己的心情，于是不再发脾气了，立即回去取笔记本电脑。最后，在王翰的帮助下，这位大姐换了一套全新的高质量笔记本电脑。

"我"字讲得太多，过分强调，就会给人突出自我、标榜自己的印象，这会在对方和你之间筑起一道防线，形成障碍，影响来往的深入。案例中的王翰一直在说"我们"，这无形间拉近了与大姐的距离，告诉对方其实我们都是消费者，我理解你的心情，经过一番交流，对方怒气慢慢消了，彼此之间也协商到了一个点，可以说是比较成功的交谈。

说话时，往往说"我"和"我们"，给人的感觉却完全不同，在开口说话时，我们要注意这样的细节，多说"我们"，用"我们"来做主语，因为善用"我们"来制造彼此间的共同意识，对促进我们的人际关系将会有很大的帮助。

1. 诚心接纳对方

当一个人真心接纳对方时，就会很自然地把自己和对方联系在一起，把对方当作自己的一部分。因此，在向对方传递你的友善的时候，只有真心地接纳对方，才会在说话的时候多强调"我们"这个群体，而忽视"我"这个个体。

2. 不要总是以自我为中心

不要总是以自我为中心，要时刻考虑别人的感受，在与别人商议或讨论问题时，要将"我"以"我们"的方式表达出来。如果你总是自以为是，处处以"我"开口，这会让你和他人的距离逐渐拉大。

3. 必要时，说"我"要谨慎

不可避免地要讲到"我"时，你要做到语气平和，既不把"我"读成重音，也不把语音拖长。同时，目光不要逼人，神态不要得意扬扬，你要把表述的重点放在事件的客观叙述上。不要突出做事的"我"，以免使听者认为你高人一等，觉得你在吹嘘自己。

聊天密语

区分"我"跟"我们"，其实就是为了取悦对方，从而拉近与他的距离。说"我们"，对方听了顿时感到彼此立场一致，进而把你当成自己人；说"我"，极易把自己和他人区分开，无意间把人推向远处。既然这样，聪明的人就应该多说"我们"，而少说"我"。

聊天谨记：不可忽视对方的自尊

自尊是一个人最重要的东西，一个人可以没有金钱，没有地位，但是不能没了尊严。如果他的尊严被人剥夺，那他不一定能做出什么偏激的事情。有时候，本无存心伤人之意，却可能因为一句无意的话伤害别人，甚至为自己树立一个敌人。

李红和老公阿龙结婚多年，感情一直不错，其中很重要的一条就是她很注意给足阿龙面子，尤其在外人面前。让我们来看看李红是怎么说的：

我和阿龙的感情一直都很好，这可能也缘于我常常给足阿龙面子吧。

比如，在零用钱方面，虽然我们并不是那种特别富裕的家庭，但是，每个月发了工资，除去家里必要的开支，我都会给他的钱包里塞上足够的零花钱。我不愿看着一个大男人为了钱犯愁，也不愿他因为钱不够花背着我偷偷地存私房钱。我喜欢阿龙舒舒服服地享受生活，也愿意看着他慷慨大方地呼朋唤友，享受属于男人的生活乐趣。事实证明，我这么做是对的，阿龙并没有因为我的大方而乱花钱，倒是常常想办法给我省点钱出来，或是送我一份礼物，或是给家里添置点什么东西，他对我宽松的"财政政策"充满了感激与感动。阿龙常对我说，他的很多男同事每个月的零花钱少得可怜，被老婆管得死死的，所以都很羡慕他找了个懂得体贴的好老婆。阿龙自己也觉得很有面子，他也因此更爱我了，这大概就是我要达到的效果吧。

我一般很少往阿龙的办公室打电话，也很少在阿龙出去应酬的时候频频打电话催他回家，除非有要紧的事情。总之，和阿龙一起生活的这些年，我们基本上没有争执、吵架的时候。即使吵架，我也有个原则，那就是绝不当着外人吵，绝不能吵得惊动了邻居。

记得有一次，因为一件工作上的事情，我们吵得比较厉害，各有各的理由，谁也不肯让步。正在僵持中，门铃忽然响了，是阿龙的一位朋友来串门。我尽量说服自己，让自己平和下来，露出笑容，然后把门打开，很热情地欢迎对方进来，之后我又忙着端茶倒水，并且主动和阿龙说话，尽我所能地缓和气氛，这位朋友始终不知道我们之前争吵过。送走了那位朋友，阿龙感动地抱住我说："谢谢你，老婆。"那个晚上的危机就这样悄然化解了。

李红给了阿龙足够的面子，处处维护阿龙的自尊，所以她也获得了阿龙所有的宠爱。男人的自尊心很强，如果李红处处把阿龙管的死死的，不在乎他的脸面，那她也得不到如此幸福的生活。

自尊心是每一个人都拥有的，无论他是高高在上的一国领袖，还是沿街乞讨的流浪者。然而，在待人处事方面，我们往往过分地强调自己的自尊心，而把别人的自尊心踩在脚底下。因此，在与他人交往的过程中，一

定要牢记：先尊重别人！

聪明的人知道保护别人的自尊为自己赢取帮助，言语的力量是无穷的，因此，在言行上不要伤害任何人的自尊，正如美国作家马克·吐温所说的："可以说人的不是，不可伤人的自尊。"你要受人尊重，就要学会尊重别人，而尊重别人就要从不伤害别人的自尊做起。

1. 尽可能地肯定他人

在交际过程中，要尽可能地肯定他人，从而增强自我价值感，维护他人的自尊心，让他人感觉到自己受尊重和重视。在人际交往中，凡是他人的弱点、缺点，都有可能是其所忌讳的。因此，千万不要去碰触这些"雷区"。

2. 不要总是与人比高下

在我们身边，总有一些人非常喜欢和别人比一下，甚至他们的口头禅就是："怎么样，比一下？""比一下"就意味着有输有赢，而一旦有了输赢，就会有面子上的损失，就会有心理上的弱势和强势。所以，不要轻易和别人去"比"，即便是比，也不要分出输赢。

3. 批评他人要谨言慎行

对他人有看法时，不要当众批评和指责。应选择适当的场合，私下提出，并以真诚待人的心态，善意地分析，使之愿意接受。切忌在众人面前，盛气凌人，横加指责，伤其自尊心。

聊天密语

维护他人自尊是一个非常值得重视的问题，不要随意伤害他人的自尊。每个人的人格都是珍贵的，人人都期待得到别人的尊重。有时候，往往会在无意中用语言伤害一个人的自尊心。所以，在与人说话时要学会控制自己的情绪，切不可伤害别人的自尊。

你给他人台阶下，他人才会给你台阶下

人们常说："面子换面子，善用面子好办事。你可以赢得一场战争，但未必能赢得真正的和平。你伤害过谁也许早已忘了，但是，被你伤害的人却永远不会忘记你。"人与人之间的感情是相互的，你给他留面子，他才会给你台阶下，其实，从另一个角度讲，这正是给自己留面子。

宁静进入公司不到两年，就已经得到了领导的重用，经常和领导一起出席公司的重要会议。这不仅仅因为宁静聪明和能干，而是因为她经常在关键时刻帮领导搭个台阶，给足了领导面子，让领导很是欣慰。

一次部门会议，领导亲自认定的一项新产品在投放市场以后，由于定位和性价比存在严重问题，令销售部和市场部的人都很头大。这次会议主要是讨论新产品的进一步推广问题。包括领导在内的所有人都看出了产品存在问题，可是领导不愿意在其他部门同事面前丢了自己的颜面。当要求调研部发表意见时，宁静看到了领导的为难，于是她主动站了起来。她并没有把自己的产品批得一无是处，而是先提到了在研发初期领导是怎样带着他们没日没夜辛苦工作的。然后她又说道："一项产品能走向市场总是需要一个漫长的过程，问题难免存在，但是只要我们认识到问题并致力于解决问题，相信产品的明天是美好的。"她甚至还提到一些具体的应对策略，并没有忘记补充一句：这都是领导带领我们不断研究的结果。接下来，领导表达了一下整个部门的决心，会议就这样结束了。

后来领导和同事们共同解决了产品的问题，赢得了各部门同事的认可。当然领导对宁静也更加器重了。

从上面的案例中，大家不难看出，宁静的"避重就轻"不仅挽回了领导即将丢失的颜面，问题也随之迎刃而解。如果她没有选择主动承担，给领导搭个台阶，领导又怎么会对她格外器重呢？

不善于给别人台阶下，既害人又害己。人生的道路上，谁都不能担保不会陷入尴尬，面对别人尴尬的处境，是幸灾乐祸，落井下石，还是为

对方提供一个恰当的台阶？这是"善"与"恶","智"与"愚"的分水岭，切不可为了自尊与虚荣而不给别人面子，而是要善于给别人面子，而且要给足面子。

在社交活动中，能适时地提供一个恰当的台阶，使人免丢面子，是处世的一大原则。然而，台阶如何给，并不是所有人都清楚，因为中庸处世被漠视。中庸，使对立双方保持均衡状态，对立的双方互相牵制、互相补充。明白了这个道理，你就明白如何给人台阶下了。

1. 做一个心地宽容的人

宽容是良药，既能给别人疗伤，还能为自己解忧。生活中，无论任何人都难免会犯这样或那样的错误，犯了错误并不是罪无可恕了，学会原谅别人，宽容别人，或许某些事情就会因此有了转机。

2. 不要忘了他人的面子

人的内心都渴望得到他人的尊重，但只有你先尊重他人，才能赢得他人的尊重。常言道："送花的人周围都是鲜花，种刺的人身边都是荆棘。"如果你想保留自己的面子，首先应该以真诚的态度对待身边的人，尽最大努力维护对方的面子。

3. 幽默地为他人设台阶

作家冯骥才在美国访问时，一位美国朋友带着儿子到公寓去看他。谈话间，那位壮得像牛犊的孩子，爬上冯骥才的床，站在上面拼命蹦跳。如果直截了当地请他下来，势必会使其父产生歉意，也显得自己不够热情。于是，冯骥才便说了一句幽默的话："请你的儿子回到地球上来吧！"那位朋友说："好！我和他商量商量。"结果既达到了目的，又不失风趣。

4. 适时地给对方解围

如果他人陷入尴尬，你要想办法解救对方。学会替人解围，能适时地为陷入尴尬境地的朋友提供一个恰当的"台阶"，使其不丢面子，这是让人喜欢和感激的摆脱困境的最快速的方法，这种智慧和美德，更有助于你树立良好的社交形象。

聊天密语

你懂得尊重别人,就会获得别人的尊重,甚至能获得友谊和信赖。如果平时说话过于尖刻,只会伤害别人,让人口服心不服!其实给人"台阶"下,既是一种处世原则,又能体现一个人的素质和修养。

第12章

说话要有重点：讲重点的话才会切中要害

说话，是一个传递信息的过程。因此，提高自己的说话能力，增加自己的说话魅力，不仅在于说话者本人能否准确、流畅地表达自己的思想，还在于你所表达的意思和思想能否被听众接受并产生共鸣。换句话说，就是你说的话能否拨动听者的心弦。那么，在说话时，我们该如何拨动听者的心弦呢？这就要求我们说话说出重点，切中要害，说到对方的心里。相信看完本章，你就会对这个问题有更深入的了解。

说话不分场合，会降低你的素质

阿力和强哥两个人关系一直挺好，平时没事也喜欢逗乐。如果几天没有见，一见面一个就说："你还没有'死'呀？"对方也不计较，回一句："我等着给你送花圈呢！"两个人哈哈一笑了事。后来阿力因病重住进了医院，强哥去医院看望，一见面想逗逗他，又说："你还没有死呀？"这一次，阿力变了脸，生气地说："滚，你滚！"把他赶了出去。

对方正在病中，心理压力很大。强哥在病房里对着忧心忡忡的病人说"死"，显然是没考虑场合，人家怎能不反感、恼火？其实，强哥说这话并无恶意，他想让对方轻松一些，可惜他在思想上缺乏场合意识，不该在这种场合开玩笑，才闹出了不愉快。

不同的交际场合，有不同的言语表达。不看场合，随心所欲，信口开河，想到什么说什么，这是"不会说话"人的一种拙劣表现。案例中，强哥在阿力住院的情况下说出"死"这个字，实属不对，因为此种情境，当事人心里是很沉重、难过的，需要的是安慰，如果你还用平时嘻哈的方式对待他，那只能自讨没趣。

《战国策》曾经记载过这样一个故事：

卫国有一家人去娶新媳妇，这新媳妇一边上马车，一边唠叨个不停："车辕两边的马是谁家的呀？"赶车人说："是借的。"听到这话，新媳妇赶忙对驾车人说："轻点打它，别猛抽那驾辕的马！"

马车走到婆家门口时，伴娘搀扶着新媳妇下了车，新媳妇又指手画脚

第12章 说话要有重点：讲重点的话才会切中要害

地对伴娘说："做完饭，要把灶里余火弄灭，不然，会失火的！"

刚进门，看见石臼摆在挡路的地方，她又连忙说："快把它搬到窗户下面去。在这儿会妨碍走路的！"

知道这件事的人，都笑话她。

从上马车到进婆家门，这位新媳妇一共讲了三次话，从这三次讲话的内容来看，都是很有道理的，而且非常重要：第一次，嘱咐赶车人不要猛打驾车的马，因为马是借来的，应该好好地疼惜；第二次，让伴娘把做完饭的余火熄掉，新婚之夜，宾客乱纷纷的，稍有不慎，引起火灾就不妙了；第三次，指使仆人将妨碍走路的石臼搬到窗下，以利行人往来。可是，人们为什么要笑她呢？原因在于，她说这些话时没有考虑具体的场合与身份。她的三番话，若是在娘家说，人们会觉得她很体贴家人、懂事明理；如果是婚后三天说，人们会称赞她是个善于持家的好媳妇。依照旧时的风俗习惯，新媳妇进门三天之内是不能多言多语的，更何况是在新婚之日呢？所以，虽然新媳妇的话说得合情合理，但因所处的场合与身份不同，受到了别人的嘲笑。

不分场合地说话是达不到预期效果的，没一会儿工夫你就会让他人感到厌烦、可笑、无奈……说话确实要区分场合，同样的内容在一种场合下可能是真理，但在另一种场合下却可能是谬误。如果你总是拿一个思想在不同的场合进行阐述，那你就无法达到交际的目的，你的话也无人信服，无人爱听。

说话看场合，常见有以下几种区分：

1. 正式场合与非正式场合

正式场合说话应严肃认真，事先要有所准备，不能乱扯一气。非正式场合，便可随便一些，像聊家常一样，便于感情交流，谈深谈透。有些人说话文绉绉，有些人讲话俗不可耐，就是因为没有把握正式场合与非正式场合的界限。

2. 自己人场合和外人场合

我国文化传统一向是注重内外有别的。对自己人"关起门来谈话"，可以无话不谈，甚至可以说些放肆的话，什么事都好办。而对外边的人，总怀有戒心，"逢人只说三分话，未可全抛一片心"，公事公办。因此，遵循内外有别的界限谈话，是得体的，倘若违反这一界限，便会被认为是"乱放炮"，说话不得体了。

3. 喜庆场合与悲痛场合

一般地说，说话应与场合中的气氛相协调。在别人办喜事时，千万不要说悲伤的话；在人家悲痛时，你逗这个小孩玩，逗那个小孩玩，说些逗乐的话，甚至哼哼民歌小调，别人就会说你这人太不懂事了。

聊天密语

所谓"到什么山上唱什么歌，拿什么钥匙开什么锁"。一个人说话，必须分场合，不分场合，即便说得再好，那也是白费。如果你想成为一个高素质的人，那就注意说话的分寸，看场合说话。

说话说重点，不要废话连篇

在日常生活中，如果你稍稍留意，就会发现很多人在说话的时候，其实自觉或不自觉地就说了很多没有实际意义的话，就是我们常说的"废话"。和口头禅一样，说废话的毛病虽然不具有什么决定性的影响，但如果不加以注意，废话一多，听者会有"听觉疲劳"，说话的效果也会大打折扣。要想真正优化自己的表达方式，说废话的毛病就不得不认真克服。

一天，娟娟的小学同学海丽给她打电话，因为毕业后就没有联系过，所以接到海丽的电话娟娟感到很惊讶。可能是因为想把气氛炒热的关系吧，海丽跟娟娟寒暄了大概20分钟，从最近娟娟的情况，问到娟娟有没有男朋友，得知娟娟有男朋友之后就问娟娟男朋友的情况，后又得知

第12章
说话要有重点：讲重点的话才会切中要害

娟娟结婚了，便问娟娟婚姻情况，最后还问娟娟家人的情况，整个一个查户口兼探听个人隐私。因为是同学而且很久没联系，娟娟便耐着性子跟海丽漫无边际地聊，看海丽始终不说正事，就问："海丽，怎么突然想到联系我呢？"

原本娟娟以为她的这句话应该能引出海丽的正经话来，可是海丽却说："哦，是这样的，我是从咱们的学习委员郑云那里得知你的电话的。你知道吧，郑云最近……"又接着聊了一通郑云的一番故事。在此期间，娟娟已经把电话设成扩音，一边洗衣服，一边听海丽胡说海吹。最后，娟娟的衣服洗完了，该出门了，她只得礼貌地说："海丽，实在抱歉，我今天有点事需要出去办一下，如果没什么事情的话，我们以后再说吧。"一听娟娟说这句话，海丽马上来了句："别，先等一下，是这样的，我知道你是搞写作的，文笔很厉害，因为我们单位最近要评职称，如果有在刊物上发表论文的话，概率会大很多，所以我想问问你能不能帮忙。"娟娟无奈地笑了笑，这下总算道出实情了。

"是这事啊，实在是不好意思，我觉得我可能要让你失望了。一来，我从来没有写过专业性的论文，所以我没有这方面的作品，也没有那个写作能力；二来，我也不认识有能顺利发表论文的报刊杂志，所以实在没办法。"最后，娟娟用一句"真抱歉，我现在的确要着急出门办事，先不说了，以后联系。"挂断了电话。

本来，小学同学联系自己，这是一件令人高兴的事情，但是，这种废话连篇，东拉西扯的谈话方式的确让人厌烦，更不用提让人高兴、愉悦了。或许一开始几句寒暄之后，如果海丽诚恳道出实情，娟娟会帮她解决问题的，可以说是省时省力，但是她一味地啰唆，说废话，只能让对方产生反感，所以求人办事的希望也就破灭了。

其实，在人际交往中，简洁精练的语言常常比繁杂冗长的话题更吸引人。它能使听者在较短的时间内获得较多的有用信息，有助于博得对方的好感，它是说话人果敢、有决断的性格的表现。因此，与其废话一堆，不如只精练一句。

那么，如何改掉自己老说废话的毛病呢？

1. 说话前把话在大脑里过滤

交行场合，在话未说出的时候，先在脑子里想好一个轮廓，抓住问题的关键点，将多余的废话都省略，然后，按照顺序一一说出来，千万不要东拉西扯，这样只会害人害己，不但达不到应有的效果，反而损害了自身形象。

2. 直接表达你的思想

说话不是写文章，没必要"为赋新词强说愁"。即便是把说话当成写文章，也没有必要弯弯绕。说话更不必别别扭扭，有话直说好，原原本本，清清楚楚。有话直说的人，根本没有时间瞎琢磨——只有那些无病呻吟的人，才哼哼唧唧要哀怜。

3. 培养自己分析问题的能力

要使自己的语言"简短""精练"，说话要干脆果断，不拖泥带水，同时还要培养自己分析问题的能力，学会通过事物的表面现象，分析事物的本质特征，并善于综合概括。在这个基础上形成的交流语言，才能准确、精辟，有力度，有魅力。

4. 没必要的套话该省就省

有的人很喜欢在说话的时候说些太多不必要的套话，仿佛这样可以加强自己语言的说服力，例如，喜欢什么地方都加一句"总的来说""老实说""坦白地说""也就是说"等。这种话虽不及口头禅那么单调枯燥，但说出来也是很没有必要的。

聊天密语

古语说"言不在多，达意则灵"，说的就是讲话要少而精的道理。异性之间，有时候不好意思开口说话，可以适当地拐弯抹角，但同性之间交谈，最好废话少说，要用最凝练的话语来表达尽可能丰富的意思。

无聊的话题,能不说就不要再说

在谈话中,不知大家是否有以下情况:
1. 说话没意思,说来说去都是那几句话;
2. 总是围绕着自己说个没完,别人一句也插不上;
3. 总谈论一些老生常谈的话题,说来说去,感觉已经说了无数次;
4. 说话无趣,絮絮叨叨,废话连篇,让人一听就心烦意乱;
5. 爱拍马屁,但是说来说去,一句也说不到点子上;
……

不用想,这样的谈话肯定不讨人喜欢,甚至令人厌烦,因为实在是太无聊了,没有人愿意花费如金子般珍贵的时间一次次听你说这些,所以,如果有这种情况,尽早改变一下自己吧!

请记住:无聊的话题,能不说就别再多说了。

我们看一下下面这个案例:

刘经理是李峰业务单位对口负责人,因工作需要,李峰经常与刘经理接触。为了搞好和刘经理的关系,李峰总会不失时机地拍对方马屁,说些无聊话。有一次,李峰看见刘经理穿了一身新衣服,对他说:"刘经理,这身名牌太适合您了,不管是颜色还是花纹,真有品位,的确帅气啊……"刘经理听李峰这么一说,觉得很奇怪:"我工作很忙,这只是随机在店里买的商务正装而已。不好意思,如果你没什么事,我要开会了。"李峰脸上很不自然。但此后他仍旧一有机会就拍马屁,说的依旧是那些无聊的话题,不是夸刘经理学问就是奉承刘经理的业务能力,刘经理总是不以为然地应付几句,李峰总会感觉特别尴尬。

而李峰的同事吴坤在一次两个公司的聚餐会上,发现刘经理对美食厨艺很熟悉,能说得头头是道。吴坤不失时机地夸赞并请教刘经理:"刘经理,没想到您除了工作能力强外,还那么精通厨艺。我以为自己在公司里算是很会做饭的了,没想到您才是隐藏的高手,有机会您露一手吧!对了，我的意大利面怎么总是做得像炸酱面呢？"这下子刘经理打开了话匣子……一来二去，吴坤和刘经理成了"厨友"，工作上得到了刘经理的帮助和关照，在两边公司都发展得很不错。

从上面的案例中相信很多人都看出了为何李峰和吴坤在聊天上有如此大的差距了。同样是说话，李峰除了说些无关痛痒的马屁话，就是一些无趣且无聊的瞎扯，这样的话题怎能不让人厌恶呢？但是吴坤却不同，他懂得说话，更懂得如何把话说到对方的心里，说到点子上，这样一来，吴坤赢得了刘经理的心，而且还成了朋友。

知道你说的话别人为何不爱听了吗？太无聊、太空洞、太自我，这样的话是没法吸引他人的，所以，无聊的话题，能不说就不要说了，以免他人心生反感，与你产生隔阂。

1. 老生常谈，请学会避免

莎士比亚说："第一个把女人比喻成鲜花的人，是天才；第二个这样做的人，是白痴。"如果我们总是谈论那些老生常谈的话题，那么对方就会在心里想"又来了"，然后马上找机会离开。因为没有人喜欢在无聊的话题上，浪费自己的时间。

2. 要学会激发对方说话的兴趣

不是所有的人都是善谈的，有的人比较沉默寡言，虽然有交谈的欲望，却不知从何谈起。这就需要其中的一方改变态度，率先向对方发出友好信号，激起对方的谈话欲望，达到交流的目的。假若你的一个话题使对方产生了浓厚的兴趣，那么无论他是一个如何沉默的人，他都会发表一些言论的。

3. 把枯燥的问题转化成幽默的笑话

幽默是一种说话艺术。一个幽默的人更容易得到大家的认可。幽默的方式总能吸引人，把枯燥的问题转化成生动幽默的笑话，或者幽默的言辞能达到让对方耐心倾听的效果。学会幽默表达，你将受益无穷。

4. 选择有新意的话题

即兴讲话讲得好不好、是否有水平，主要取决于讲话有没有新意，话

题是否给人以耳目一新的感觉。假如你总是老生常谈，讲来讲去就是那么几句老话，听众就觉得厌烦。因此，在选择话题的时候，需要独辟蹊径，不要将他人讲过的话反复地说。

聊天密语

无聊的闲话只能浪费自己的时间而又伤害他人，有内涵的话则能充分表达自己又能让他人觉得舒畅，有内涵的话语，才是语言中的精品，无聊的话语则是垃圾，怎样取舍大家能一目了然。

会提问，才能把话说得恰到好处

妮妮、小米两人在聊天，妮妮对小米说："你知道有专门治疗打嗝的药吗？"

小米摇摇头说："没有吧，没有听说过。"

妮妮说："有，当然有啊。我就吃过呢。你知道吗？"

小米好奇地说："不知道，什么样的药啊？"

妮妮兴高采烈地说："有一次，我打嗝很严重，就跑到一家医院去求诊，医生给了我一包药，并且告诉我是治疗打嗝的奇药。那药真是管用呢，吃了一次就好了。你知道医生开的药是什么吗？"

小米很是好奇，急问道："是什么灵丹妙药啊？"

妮妮回答说："就是一包普通的维生素，其实这是医生的心理疗法，是医生的话治好了我的打嗝。"

如果妮妮没有使用提问的方式，而是一开始就对小米讲"有一次，我打嗝很严重……"这样平淡的谈话会让双方都觉得索然无味。

每个人都会提出问题，但是很少有人知道怎样提出问题才能有效地促进彼此的交流。当你的问题没有引起积极的回应时，或许并不是因为对方态度不友好，对你没有兴趣以及问题不合时宜，可能只是因为你所提的问题让对方无从回答。我们在社会交际中，要学会经常向别人提问，提问对于促进交流、获取信息、了解对方有重要的作用。一个善于提问的人，不仅能掌握会话的进程，控制会话的方向，同时还能开启对方的心扉，拨动对方的心弦。

一天，电脑公司的销售员艾伦拜访了一位客户杨先生，经过了解，艾伦发现杨先生对电脑系统的安全性非常重视，针对这样的需求，艾伦提出了以下问题：

艾伦："杨先生，如果您的电脑系统忽然停止工作，并且一天都无法修复，会出现什么情况呢？"

杨先生："那么我的工作可能无法正常完成，很多重要资料和会议记录也可能无法提取，这将影响到我的客户，那将是非常糟糕的事情。"

艾伦："那么系统崩溃是如何影响您的客户的呢？"

杨先生："如果我的策划方案无法按时交给客户，我可能会失去他。"

艾伦："如果您的文件因为系统崩溃而全部丢失您会怎么办？"

杨先生："那是我最不想看到的，我可不希望发生这样的事。"

艾伦："那么您来试一试我们的电脑系统吧，它将会给您带来安心的体验，为您避免许多不必要的麻烦……"

杨先生："是吗？那么你们的产品……"

一个好的提问能将对方逐步带入话题中，无声无息，充满好奇而又满怀期待，这是一个自愿的过程，而不是一方强迫似的主动推销。你如果想让对方对你的话题感兴趣，那你就要懂得提问的艺术，让对方在问句中对你产生兴趣，从而心甘情愿地与你深入谈论下去。

提问是一种艺术，恰当的提问在让你获得信息和知识的同时，还帮助你了解对方的需要和追求，从而达到与别人之间的沟通、交流和互助，促进事业的成功。那么，用什么样的语言提问才能收到良好的效果呢？

1. 不要空泛地提问题

大而泛的问题，让人摸不着头脑，因而也就不可能回答好。相反，问题具体了，反而可以引导对方的思路，从而得到满意的回答。我们在提问的时候一定不要漫天发问，这会让人很难把话说到点子上，空泛的发问是无趣的。

2. 提问题时也要懂得看人

发问是一门艺术，遇到那些平时比较诙谐的人，就可以把提问同调侃结合起来，如果他肯回应，那么你们尽可以一唱一和，妙问加妙答，给大家带来笑声和欢乐。遇到那些平时比较严肃慎重的人，发问要适当减少调侃的成分，不然人家接受不了，你很可能会下不来台。

3. 懂得不断缩小范围

提问，实际上是个缩小包围圈的过程。刚开始的时候，大家并不知道对方的需求是什么，所以要尽量用开放式的、易于回答的问句；在得到对方的信息之后，大家就可以提出相对有针对性的问题，然后顺着这个方向达到目标。

4. 注意把握好时机

一般来说，当对方很忙时，不宜提与此无关的问题；当对方伤心或失意时，不要提容易引起对方伤感的问题。所以提问要像屠格涅夫所说的那样："在开口之前，先把舌头在嘴里转十个圈。"这样你的提问才能得到满意的回答。

5. 要注意态度和礼貌

我们要从友好的态度出发，语气谦和、有礼。例如，"能向您请教个问题吗？"这类提问是得体的，能使对方表示自己的意愿。陈述完事情，可这样提问："想听听你的看法，行吗？""你有什么想法？请谈谈！"等，这样问话，气氛就显得平和，对方回答起来也会很从容。

超级聊天学

💬 **聊天密语**

　　人类的生活离不开提问。不管谈论什么话题，都会有提问的环节。提问可以让你获取更多资讯，可以帮助你更了解一个人，可以促进你达到目的。提问是你打开对方心扉的一把钥匙，如果你在提问时占据了优势，那你就不怕对方与你聊不来。

说话不着边际，让人摸不着头脑

　　与人交谈，你是否了解话题的重点是什么？你是否总是不着边际的泛泛而谈？你是否总是说些对方不关注的问题？如果你在这些问题上有问题，那你就真的需要认真审视一下自己了，因为这就是你说话不成功的原因所在。朋友们，与他人沟通，我们应该清楚哪些话该说、哪些话不该说，掌握好交谈的重点与主题。不着边际的东拉西扯，只能让对方觉得你不靠谱、不专业；泛泛而谈则不具体，缺乏说服力，对方的疑虑就解不开。在这种情况下，对方自然难以作出与你深谈的决定！

　　老李平时工作比较繁忙，很少有时间照顾家庭。前不久，一次意外事故使他的儿子被暖气中的热水烫伤了，他怕家里的取暖设备再出故障，就决定安装一台家用中央空调，于是他来到了家电商场。

　　老李先走向了一位年轻的小伙子，他大体跟这个小伙子说了一下他的需求。针对老李的这种情况，小伙子对他说："大哥，如果使用中央空调的话，不仅非常舒适，而且也很安全，只是价格稍微贵了点……"

　　老李说："价格贵点倒没什么，不知道这种空调到底能够安全到什么程度？"

　　小伙子说："这您放心，我们售出的中央空调还从没出过事呢，使用过的客户对它都非常满意！我们还负责上门安装和提供其他的一些配套

服务。"

"这都好说。"老李还是不放心,"从来没用过,不知用起来到底怎样,会对孩子有益吗?"

"我们的空调您尽管放心好了,我们一定会为您提供最优质的服务,我们的质量绝对对得起价格,我们的售后也会让您高枕无忧,您尽管放心买,我们出售的都是有保障的产品,绝对不会让您担忧……"

老李此时有些反感了,他觉得小伙子怎么也说不到他的心坎上,他一再强调安全,小伙子却仍旧漫无边际地说一些其他的话,老李实在不想解释了,就说:"好吧,好吧,我再看看其他的吧。"

对一个不会说话的人来说,即便机会摆在你的面前,你也抓不住它,这就是现实。案例中的小伙子就是一个活生生的例子。老李打算来买空调,他认真地告诉了小伙子他最在乎的是产品的安全问题,但是小伙子却抓不住对方的重点,不着边际地介绍产品的舒适度、价格、安装、配套服务等,不论老李怎么一步步重申自己的意向,小伙子依旧无动于衷。连客户的需求都把握不好,怎么可能卖得出产品呢?

要想把话说到点子上,就必须抓住对方的心理。如果不知对方心里所想所需,是无法说到点子上的。就像一个神枪手,如果蒙上他的眼睛,再让他去找一个目标,那么,他只能凭感觉去打,这是难以击中目标的。所以,与人说话时,必须学会洞察、迎合对方的心理,才能说到点子上。

想要改正自己泛泛而谈的不良习惯,需要记住以下几点:

1. 说话要明确自己的目的

讲话的目的明确,体现了做事的简明性和效率性。讲话者不仅要有深刻而系统的思想体系、明晰的观点,而且还必须学会运用简明扼要、准确恰当的言语,恰如其分地表达自己的思想,做到言简意赅、新颖精辟。

2. 说话要懂得迎合对方的心理

别人在乎什么,如果他表现出来了,那我们就应该懂得朝着这个话题来谈论,这样才能深入交流下去。如果在这么明显的情况下,你还是看不出,漫天空谈其他话题,那你很难说到对方的心坎上,达成彼此的共识。

3. 没用的话少说

有时候大家也会遇到这样的人，与他交谈，说的正事极少，一直在说一些没用的，要么家长里短，要么是是非非，这样的人，一般人就会慢慢躲避他，因为他的话太浪费时间。时间成本大家应该谨慎对待，如果你不重视自己的时间，那你起码应该尊重他人的时间，每个人需要忙的事情有很多，如果你总是说些无意义的话，大家肯定会疏远你。

聊天密语

说话最忌空洞无物，华而不实，废话连篇。言之有理，持之有据，方能让人信服。所谓"欲语唯真，非真不语"，指的是语言应该反映真实情况，表达真情实感，没有真东西，就不要开口讲话。为此，说话应精心设计，而不是东拉西扯，语无伦次，废话连篇，令人生厌。

第13章

话不可说满：聊天说三分，防人之心不可无

所谓"防人之心不可无"，与人聊天，如果你想把话说得美一点、圆满一点，那请你说三分就足够了，切记多说无益，说满更是自讨无趣。不是所有的人都适合你尽情地畅聊，也不是所有的朋友都经得起你口无遮拦的打击，说话是讲究分寸的，说话也是讲究数量的，请注意自己的口舌吧，这将会为你减少很多不必要的麻烦和苦恼。

说话不说满，切记三分已足够

在日常生活或工作中不乏这样的人，脱口而出的字眼"就是！肯定！一定！"他们在因为某件小事与他人争辩时，总是自信满满、咄咄逼人，把自己的观点强加于人。哪怕最终证实他们真的是对的，对方也会觉得他们过于盛气凌人，会对他们心存不满。而如果他们的答案是错的，那就是给自己找难堪了。话说得太满，就是不给自己留后路，朋友们，说话的时候多想想后果吧，别说得太满，这样自己会更有余地。

唐玉敏是楼盘销售员。平日里工作非常认真，业绩也非常突出。但是她有个毛病，那就是不会说话，到处树敌。

这天，公司里来了位新同事，一个非常阳光的女孩，叫张晓晓。张晓晓很会为人处世，刚来办公室的时候，就给每个人带了礼物，主动和每个人套近乎。按照主管的话说，让她迅速地和同事打成一片，有助于开展工作。

在和同事们的交谈中，她得知唐玉敏是他们当中的销售冠军，而且业绩一直遥遥领先。于是这天下午，工作之余，她来到唐玉敏的身边，对她说："敏姐，我听他们说你是公司里打不败的业绩女王，我刚来，什么也不懂，以后你多帮帮我啊！"

唐玉敏白了她一眼，笑着说："晓晓，别到处拍马屁，在我这儿不好使。"

被唐玉敏这么一说，张晓晓明显感觉脸上火辣辣的，但是她知道，唐

玉敏是销售冠军，有点脾气也是能理解的，自己以后还要多跟她学习呢。想到这里，晓晓的情绪全然消失了，于是她又满脸堆笑地说："我没有说错啊，敏姐确实是我们当中的销售冠军嘛！"

唐玉敏冷笑着说："晓晓说话真逗乐，谁跟你'我们'呢？请你注意自己的措辞。"

张晓晓再也忍不住愤怒，她说道："敏姐，别总拿自己当个角，我这么说是看得起你。"

唐玉敏也针锋相对："呵呵，不需要你看得起，承受不起。你这个月要是卖不出房子，一样得滚蛋。"

张晓晓赌气说："不要这么自以为是，看不起人，我相信我一定能做好的。"张晓晓赌气说："等着瞧吧。"

唐玉敏讥笑道："行行行，你有本事好吧，你要是不走人，我立马走人。你还别不信。"

从那以后，张晓晓认真地向别的同事学习，很快掌握了销售要领，再加上她的不懈努力，终于在月底，成功打破了自己的"零"纪录。

唐玉敏觉得很没面子，她没有想到张晓晓真的卖出了一套房子。那么按照当初打赌的约定，她就得走人了。但是说实话，唐玉敏根本不想走，在别处她不一定能有这么高的收入，当时，她非常后悔自己把话说得太满，以至于现在把自己逼到绝境。好在这事张晓晓日后并没有提及，同事们似乎也忘得一干二净。但是，从那以后，唐玉敏变了很多，再也不去指责这个、要求那个了，就连跟张晓晓说话也变得非常客气。

唐玉敏的确是一个销售精英，但是她却不是一个会说话的人，这样的人，只会四处树敌。如果在和张晓晓聊天的过程中她不那么傲气，不那么自以为是，不把话说得太死、太满，那她就不会在张晓晓卖出房子时感到窘迫、难堪、纠结，其实，所有的这一切都是她自己造成的，还好她能吸取教训，否则她迟早会吃大亏的。

俗话说"祸从口出"，把话说满也是一种为祸的诱因。话说得太满，一般会导致两种后果：一是听者不服，故意找碴儿使绊子；二是自己没有回转的余地，容易搬起石头砸自己的脚。无论哪种，都不是好结果。所以说，想要表达你的意见，话说三分就足够了，说多了并不见得是好事。

话说得太满，如果事情发展顺利，倒是可以相安无事；如果事与愿违，被别人抓住话柄，只能是自己吃不了兜着走。想要避免这种情况，我们需要注意以下几点：

1. 说话时要记得给予对方尊重

每个人都有自己的看法和想法，当遇到意见不合的时候，你最起码要让对方在众人面前受到足够的尊重。无论别人说话对与否，都不要当着很多人的面就开始反驳，你可以选择私下找个机会，把你的意见告诉对方。这样，你既为对方维护了自尊，又加深了两人的感情。

2. 说话要记得点到为止

有时候，话说得太透，就没什么意思了，其实，点到为止就好，多说无益。有些话不方便全说出来，我们就不妨说一点，然后留一部分给对方体会，这样不仅避免多说出问题，也能很好地传达思想，大家要谨记。

3. 不要随意承诺对方

很多人在面对他人请求的时候，总是说"包在我身上""一定没问题""绝对放心"之类的话，其实这种话就有些过满，你想想，万一你达不到对方的目标该怎么办呢？或者说，你说这些只是大话，那如果对方当真，他的损失该如何弥补呢？所以说，话别说得太满，不妨用些"尽力""试试看"等词汇替代一下。

聊天密语

话不说满，说满则溢，这其实是一种谦虚的人生哲学。从一个人说话的态度可以看出他的自信，真正有自信的人，懂得谦卑，不会把话说得太满。不要把话讲得太满，进可攻，退可守，这才是成功的做人之道。

谨防被嫉妒，说话处世需谨慎

贾谊，西汉初期的杰出政治家、文学家与思想家。他从小精通读书，在18岁时，便以才华横溢闻名于洛阳，随后被朝廷赏识，21岁便官至博士，并深得汉文帝的赏识。一年以后，又因才智出众被提升为太中大夫。

与历史上许多悲剧人物一样，贾谊过于锋芒毕露，难免会引发某些人的嫉妒。在任职以后，贾谊整日炫耀才华，不屑与同僚为伍，他这种做法令他在朝中颇不得人心，并由此埋下了隐患。

一路顺畅的仕途与骄傲的本性令贾谊根本看不到身边蠢蠢欲动的暗算，他迫不及待地提出了许多脱离实际的改革措施。这些措施在汉文帝看来不仅书生气十足，而且华而不实，根本不具备任何可实践的可能性。

后来，为了建议汉文帝进一步强化中央集权，他上书了著名的《过秦论》，并明确指出，秦之所以灭亡是因为"仁义不施而攻守之势异也"。这篇暗说昭汉之过的文章顿时令满朝文武震动：当时列侯皆在京城而居，对皇权形成极大威胁，而恃才傲物的贾谊竟然建议汉文帝让列侯离开京城，回到自己的封地，此举无疑是将自己完全暴露在众人的攻击之下。随后，朝中上下左右皆在文帝面前对贾谊进行诽谤，久而久之，文帝也认为他虽然才华无限，但人际能力不足，不适合留任京师，于是便将其调离京城，再未重用。

在深感委屈、慨叹人心险恶的不满情绪下，贾谊整日郁郁寡欢，不久竟然因伤感过度而离世。

对于嫉妒，心理学上的分析认为这是一种突出自我的表现。在这种心理支配下，待人处事常常以自我为中心，对才能、名誉或境遇比自己好的人心怀怨恨和不满。"德""才""财"和"貌"都是引起嫉妒的导火索。其实，处于他人的嫉妒之下，你就等于处在了危险之中。

在贾谊初受赏识之时，其实他就已经处于其他官员的嫉妒之下了，可以说是立于危机的至高处，但是此时他却没有思虑到事态的严重，相反处处暴露自己的锋芒，可以说是自讨祸患。随后他的言论和行动更是触动了大官僚的利益，大家的憎恨之心更为明显，贾谊终究倒在了他人的嫉妒和诽谤之下，郁闷而死。

我们看一下下面这个案例，看看案例主人公是如何化解他人嫉妒的：

李鹏是某公司的普通员工，一次，因为成绩突出而获得优秀员工奖，在全公司的表彰大会上大出风头，引起众人的关注。原本每年这个奖总是属于杨威的，可这回他却落了选，自然情绪有些不高。散会后，杨威不无醋意地握着李鹏的手笑着说："李鹏，恭喜啊，感觉不错吧？"李鹏很机敏地回答说："杨哥，我还是头一次见这么大的场面，面对那么多的领导，说实话，讲话的时候我还真有些紧张，生怕什么地方说错了。我要能像你那样就好了，每次在台上都那么镇定自若，你有什么秘诀呀？"杨威听后不禁暗自发笑，真是没上过台面，上台讲几句话还这么紧张。这样一来，杨威心中的那种隐隐的嫉妒心，明显淡化了许多。

李鹏的做法可谓聪明，他抓住了杨威的心理，仅仅几句话就迎合了他的优越感，化解了对方的嫉妒心理。如果李鹏扬扬得意，说不准哪天杨威就会给他设个绊脚石。

嫉妒是一种正常的心理活动，每个人都有嫉妒之心，但是如果嫉妒之心过度了，伤害了他人，那就要深刻反省一下了，因为这已经处于心理疾病的范畴。朋友们，我们要从自身做起，不做善妒者，要做一个阳光的人，一言一行展示自己的大气度。同时，防人之心不可无，我们一定要懂得谨慎对待他人的嫉妒，言谈举止懂得保护自己，千万不要粗心大意，让自己处于被嫉妒的危险境地。对待善妒者，我们可以从以下几点加以防范：

1. 多给善妒者一些赞美

你的出色令他人脸上无光，由此便会产生不自信，甚至自卑，这很容易让他人产生嫉妒。所以，经常对别人的成绩表示肯定，能缓解其心态上的不平衡。前提是不要虚情假意，要真心，不然会适得其反，后果只能是无果而终，甚至会引来更大的仇恨。

2. 收敛自己的锋芒

有些道理是再明显不过的，但是人们总是视而不见。可能人们自己没有意识到，但是确实存在这样的现象：人们往往对强者的毁灭有一种幸灾乐祸的态度，而对弱者总是无节制地同情。正是这种心态在作怪，要求人们必须学会收敛自己的光芒。

3. 淡化优势，懂得示弱

如同"中和反应"一样，一个人身上的劣势往往能淡化其优势，给人以"平平常常"的印象，当你处于优势地位时，注意突出自己的劣势，就会减轻妒忌者的心理压力，产生一种"哦，他也和我一样无能"的心理平衡感，从而淡化乃至免却对你的嫉妒。

聊天密语

我们要学会善待别人的嫉妒，以宽容、谅解去感化某些心胸狭窄的人的嫉妒，让他们从内心接受你的才华和成功，从而尽量减少因嫉妒而滋生的问题，享受更自如的生活！

即便是很亲近的人，说话也要注意

我们不得不承认，很多时候，我们因为不善处理朋友间的关系而给自己带来了麻烦。的确，两个人之所以能成为朋友，是因一定的机缘，互相欣赏。但实际上，感情往往是最脆弱的，你与朋友之间的关系，很可能就因为你无心的一句话而破裂。因此，任何一个聪明的人都应该明白，与朋友交往，一定要把握什么该说，什么不该说；什么该做，什么不该做。

王丽是一个比较乐于助人、富有热情的女孩，但是朋友们都对她敬而远之，使得她特别郁闷。

有一次，王丽的好朋友大海穿着新买的西装参加聚会，别人都笑着恭维说："您今天真精神啊！"可是王丽却在那里大声地喊道："大海，你这是新买的衣服吗？那你可让人家给骗了，这款是去年流行过的啊！跟你说啊，也就是咱哥俩好我才跟你说实话。"话音刚落，发现大海的脸色难看到了极点，别人也都感觉很尴尬。聚会临近结束时，大海写下自己的联系方式，别人都在夸奖他的字写得好看，"您的签名可真气派，有空的时候给我写个条幅吧。"王丽又不识趣地来了一句："你们的确识货啊，我们大海的字能不气派吗？他可暗地里练了三个月了！况且这是他写得最多的字。如果写别的，估计就不是这样啦！"此言一出，全场的人都陷入尴尬之中。从此之后，大海极少与王丽联系。

口无遮拦倒也罢了，更要命的是王丽的性格过于急躁，做事过于心急，稍微有些不合就发小姐脾气，让亲戚朋友感到很头疼。小时候，王丽就很没有耐心。她要的东西，必须马上就拿到，否则就哭闹，弄得亲戚朋友都不喜欢她。

上小学时，父母早晨都忙着上班，没时间给她梳头，她只好自己梳，行动匆忙，有时落下一绺头发没梳上去，她就气急败坏地一把拽下来。

王丽的学习成绩名列前茅，同学遇到学习上的困难便向她请教。她在认真讲解了几遍之后，对方要还是没有听明白，王丽就不耐烦地说："你怎么回事？这点问题就想不明白？你学习真是浪费时间！"结果惹得同学很不好受，再也不愿意找她探讨问题了。当别人让她重复一下刚才讲过的一句话时，她也会不耐烦地说："我都说过了，谁叫你没听？"她做事也如此，不是把同学的杯子弄破了，就是把别人的东西弄丢了。骑车有时急匆匆的，下车就走，忘了锁车，已经丢了两辆车。和朋友争论问题出不了结果，就会发怒："算了，我不跟你吵，急死人了。"跟朋友一起走，朋友有点儿事，她就不耐烦地说："能不能快点，你真的是太磨叽了，耽误我时间。"就这样，朋友们一个个都离她而去。尽管王丽很热心，但谁也不愿请她帮忙，王丽也只好生活在孤独之中了。

不管是家人、亲戚还是好朋友，说话时都要注意分寸，不可以什么都

说，肆无忌惮。如果你说多了，那你就极易得罪对方，甚至连朋友都做不了。每个人都有自己的空间，也有自己的面子，不要以好朋友的名义，更不要以为他好的说辞来说些有失分寸的话，否则你就会像王丽一样不讨人喜欢。

聪明人在交友时，一定会给彼此留下一些空间，不会因为关系好而失了分寸，口无遮拦。古人常说"君子之交淡如水"就是这个意思。所以，为了友谊，为了人生，在人际交往中要和朋友保持一定的距离，该说的说，不该说的，当着谁的面也不能说，不要因为过分亲密而失去朋友。

1. 不要"过于"重视朋友

对一个朋友，且不论男女朋友，不能太过于重视，否则对方会觉得压力很大，会被你的重视压得喘不过气，但又不能过于疏忽，过于疏忽，可能就不会再有联系。有的朋友，你如果太重视他，会让他觉得交你这个朋友很累，就是因为你太重视他了，让他感到压力。

2. 隐私是不可触犯的底线

每个人都有自己的隐私，一般来说，人们总是喜欢把不想外人了解的心里话告诉自己的好朋友和闺密，这时候，不管你们关系如何，你都要保守住对方的秘密，更不要拿他的秘密开玩笑，否则有一天，你们连朋友都做不了。

3. 说话不要太随意

与朋友说话也要客气，这样才能够维护好彼此之间的友谊，当然说话也不能过于客气，这样会让人产生一种莫名的距离感，仿佛只有陌生人或者关系冷淡的人才会那样说话，朋友一般不会这么说话，这样也会把好朋友变成陌生人。

聊天密语

交朋友要注意心理距离，或者说要注意交往分寸。零距离的朋友在现实中是不存在的。每个人都是独立的个体，不要老是打听朋友的隐私。自己的秘密也同样不要随便告诉所有朋友，以免增加朋友的心理负担。掌握好分寸，朋友才会尊重你。

有的人真不适合你尽情地发牢骚

　　杜鑫很有才气，是一家文化传播公司的策划，由于自恃清高，他总是对经理的创意不屑一顾，认为经理的水平很差，所以经常在同事们面前发牢骚，流露出对经理创意的不屑。消息很快就传到了经理的耳中，于是经理主动找他谈话，诚恳地让杜鑫说出对自己的创意有什么意见，对公司的业务有什么建议，杜鑫却支支吾吾说不出什么。这位心胸还比较宽广的经理认为杜鑫简直就是一个两面三刀的人，当面不说，却在背地里说。经理对杜鑫的人品产生了怀疑，重要的策划方案再也没有交给他来做。不久，杜鑫离开了公司。

　　发牢骚是每个人都会有的行为，或许自身不开心，或许被他人栽赃，或许表达不满……但是，你要记住，不是所有的人都适合听你发牢骚。你也许只是想发发牢骚，没有什么恶意，更无意要伤害和对付谁，但是说者无意听者有心。他们虽然没有很认真地听你诉说，但未必跟你是同一伙的。小心你说的那些"心里话"会变成他们对付你的"利器"。

　　质量部的主管张宇有点才气，心地善良。可他有一个弱点，就是自尊心太强，对同事和下属员工亲近，对上司则保持距离，理由是怕别人议论自己拍马屁。长期以来，张宇觉得自己是靠本事吃饭，总觉得自己的付出没有得到应有的回报。有时候张宇看到上司没有自己做得多，甚至在某些专业能力上还不如自己，而享受的待遇却比自己高，心理上有些不平衡。这样，张宇就免不了要在同事中间议论。这个议论的结果是，张宇的同事小张为了与上司拉近距离而告密，上司听了心里当然不舒服。于是，上司对张宇也就疏远了，不重用他了。时间一长，小张升职了，比他的待遇高

了，张宇和上司的关系慢慢僵化，面和心不和，除了工作上的利用再无其他。最终，张宇因为没有被提拔而认为自己受了委屈，开始发牢骚了。

张宇发的牢骚都是事实，同事和员工们都知道。有的还当面支持他，同情他。可是最后还是有人出卖了他。尽管张宇的工作仍然出色，但是上司在肯定了他的能力之后，给他戴了一顶帽子，那就是"骄傲自满"。这是上司在会上不点名批评后大家猜测的。这样，他就觉得自己不是一般委屈了，从此工作没有了激情，除了继续发牢骚，开始得过且过，做一天和尚撞一天钟。

无论是生活上还是工作中，都要尽力避免发牢骚，言多必失，说不定对方就会把你的话泄露出去，到时候你后悔莫及。防人之心不可无，不是所有的人都适合你发牢骚，尤其是当着同事的面抱怨你的上司、老板，同事之间存在着竞争关系，或许你只是随口一说，但保不准对方就会把你的话当作自己升职的筹码，用来讨好上级。所以，我们在聊天中一定要谨记，克制自己，不随意发牢骚，以免被人所害。

经常抱怨生活沉重、工作累和自己如何不如意，那是一种心理上的失衡。做人，正确的态度是积极面对人生，少一点牢骚，多一些努力，把不满化为激励自己的力量，善于调整和改变不利处境，放开眼界，爱岗敬业，努力实现自身价值。

1. 保持积极向上的生活状态

一个人越是消极，就越容易抱怨，即便在他人眼里看着无所谓的小事，他也会当成天大的事来看待。朋友们，一个人的状态对他说话做事都起着很大的作用，我们应该乐观一点、阳光一点，不要事事忧心，学会宽心，保持乐观心态，这样我们才会在与他人聊天时呈现出一种良好的精神状态。

2. 注意发牢骚的对象和场合

如果你真的要发泄或抱怨，那么你必须分清场合，看清对象。你可以和家人或好朋友说说，他们是真正关心你的人，会用心地倾听，并且可能会给你一些好的建议。切忌向那些交情一般且有工作关系的人抱怨，否则，只会给你带来不利。

3. 多进行自我调节

要学会自我调节，即通过自我劝慰、自我开导、自我调适，使自己冷静下来，把问题想通、想透，这是克服抱怨心理的最好办法。人之所以会产生抱怨，与身边的不公正现象有关，但也与一个人的思想修养和认知方式有关。

聊天密语

人有善恶之分，说话做事需要极为谨慎，不要总是对着他人随意抱怨，更不要对着他人说另一个人的坏话，假如你的话被传出去了，那你就会处于很尴尬的境地，你的交际也会受到很大影响。记住，背后说人坏话是一种不道德的行为。

防人之心必须有，随便交心危害大

俗话说："相交满天下，知心有几人？"人们总是渴望与别人交心，殊不知万事皆有度，太过交心也会害了自己。希腊有古语曰："知心不是美德，而是灾祸的种子。"因此，不可以过度和别人交心，更不可以随便和别人交心。

有的人个性耿直、率真，总是随便把他人当作知己。但是，你可知道，与人交往不能过多地表露自己，否则，很容易为自己招来杀身之祸。许多时候，你知道的太多了，并且将自己的想法表露无遗，会招致他人的妒忌、猜疑，这无异于自掘坟墓。

玮琪和林曦在同一家公司工作，是工作上的搭档，两人关系很好。玮琪结婚之后，确知自己怀孕时，最先与林曦分享了这个喜讯。在玮琪怀孕

第13章
话不可说满：聊天说三分，防人之心不可无

三个月左右的时候，她们所在的公司因管理不善关闭了，两人就一起重新找工作。玮琪从报纸上得知一家大工厂需招两个她这个行业的人，便约了林曦同去面试。当时负责招聘的部门经理听说她们是旧同事时，还用奇怪的眼光看了她们一眼。第二天，玮琪就接到了那个经理的电话，要她去上班，她高兴地打电话告诉了林曦。

可是，等玮琪去报到时，经理却问她："你是不是已经怀孕了？"玮琪一愣，心想：经理是怎么知道的？经理接着说："你那个同来面试的女同事刚打电话来说的。如果我不知道这事也就罢了，但现在我知道了，我就只能向你说声抱歉，我不想我的人进来半年就要休产假。"玮琪这才知道原来林曦在背后搞了小动作，心里涌起一股情绪，但说不清是愤怒还是悲哀。那位经理接着说："我当时就很疑惑你们俩怎么同时来应聘，要知道这是竞争啊！不过那个女孩也不太厚道，她这种人，我不会要了；你如果生完小孩后还想来，可以再找我。"临走时，经理送给玮琪一句话："姑娘，心善是好，但也要有分寸，不可随便与他人交心啊！"

同事可以一同吃喝玩乐，但不可谈任何实质问题，更不宜交心。因为说不定哪天你们的位置和关系就会发生改变，到时当初推心置腹的话很可能成为被人利用的把柄。自己对同事了解得不多，也就少烦恼；不向同事透露自己的私人生活，也就保护了自己。案例中的玮琪就是一个活生生的例子。

俗话说，祸从口出。人越密集，闲言碎语就越多，要想保护好自己，一定要管住嘴，少说话。什么话能说，什么话不能说，什么话可信，什么话不可信，都要在脑子里多绕几个弯子，心里有个小算盘，这样才能够与大家和谐相处，避免影响人际关系或危害自身利益。

随便交心是社交中的大忌，聊天的时候大家一定要谨记，不要随随便便把任何人都当亲人。

1. 好话坏话要分清

聊天的时候，有些话是该说的，因为过度沉默也会影响气氛，但是，有些话确实不能说，说多了就会为自己埋下祸根。不管对方是不是自己人，我们都不要在他面前提及某些人的是是非非，万一他将你这一举动告诉了他的知心人，散播出去，迟早你会惹麻烦上身。

2. 心里话要压在心底

"知人知面不知心"，不能把握他人的真实想法，还与之交心，这是人生最大的危险，也是一种耻辱。如果不清楚与你相处的人到底是何居心，也不能控制与自己相处的人按照自己的想法行事，那么就要注意提高自己的警惕和防范意识，不要随便向别人吐露心声。

3. 注意与他人的心理距离

人与人之间的误会、争执、利害冲突不是人们的疏远造成的，恰恰相反，是因为太亲密造成的。驾驶员朋友都知道，要避免撞车，就要注意车距。同样，在人际关系中，与他人保持适当距离是避免发生冲突的最后规避手段。

聊天密语

人是复杂的动物，即便你很会识人，但你也有走眼的时候，一旦你看错了人，说错了话，随便交了心，那你要面临的问题就不会那么简单了。与人交心，要分清公与私，做到公私分明；要分清感情与职责，不要因为感情而忽略了职责；要看清对象，不要什么人都当作知己，"推心置腹"，结果造成心腹之患！

第14章

学学装糊涂：糊涂的人更容易被接纳

聪明难得，糊涂更加难得。生活在这个世界上，谁都想成为一个充满智慧的人，谁都想自己有着耀眼的光芒，可以备受瞩目与敬仰。但是有时候，糊涂更能帮助自己适应现实。必要时，一个人言辞中反而要学会揣着明白装糊涂，既然世上许多事，分清对错都不容易，或者说根本没有搞清楚的必要，那么还是装糊涂比较明智一些。装糊涂的技巧未必人人都知，本章将会带你一探究竟。

心机过重，终将孤立无援

为人处世要有心机，从某种意义上来讲是一个人聪明的表现，但需要强调的是：聪明是一笔财富，关键在于怎样使用。在现实中，竞争是激烈的，如果太工于心计，把心思放在"算计别人"上，是一件费时、费力而且不道德的事情。其实我们不难发现，生活中那些心机太重的人朋友并不是很多，因为跟这样的人打交道实在是太累了，你需要处处防范，害怕被他利用、被他看透。所以说，如果你想和更多的人成为无话不谈的朋友，那就放下你满心的算计吧。

孙膑曾与庞涓一起师从鬼谷子学习兵法。庞涓下山后，投奔魏国，得到魏惠王的宠信，被任为将。庞涓自忖才能不及孙膑，害怕他下山到魏国后影响自己的前程，更担心他到别国后成为自己的对手，于是决定设计陷害孙膑。不久，庞涓派人上山，以同朝为官为由，劝孙膑赴魏。孙膑不知是计，欣然允诺。不料一到魏国，便落入了庞涓的圈套，被诬告私通齐国。魏惠王听信庞涓谗言，无端处孙膑以膑刑，挖掉了他的两块膝盖骨，使之终身残废。按当时的惯例，刑徒是不能为官的。庞涓试图以此断送孙膑的政治前途，消除一个潜在的对手。然而，事情并未如他所愿。孙膑虽身处危境，却显示出了卓越的智慧。他佯狂自晦，并设计归齐，得到大将田忌的赏识；又通过著名的"田忌赛马"显露出惊人的才华，得到齐威王的器重，被任为齐国的军师。

公元前354年，齐国应赵国之请，以田忌为将，孙膑为军师，率军击魏

救赵，伏击庞涓大军，取得"桂陵之战"的胜利。十二年后，魏国攻打韩国。齐威王采纳孙膑"深结韩之亲而晚承魏之弊"的建议，再次以田忌为将、孙膑为军师，出兵救韩。孙膑依然采用围魏救赵的计策，痛击魏国10万大军。最后，智穷力竭的庞涓在马陵愤愧自杀。

一些心机过重的人，自以为工于心计能显示自己的聪明，其实是最大的愚蠢。汉代的刘邦能够战胜项羽的原因有很多，工于心计便是其中一条。但是，他肯定没料到，自己虽得意于一时，却给后人留下了一个不佳的口碑。

与其和别人钩心斗角，不如放弃心计，执着于自己的事业，用事实来说话，让实力彰显力量。其实，耍心计是一件很没意义的事，既让你四处树敌，又消磨了自己的意志。正如哈佛心理学专家莱昂博士所说："耍心计是一件得不偿失的事情。"

心机太深的人容易令人畏而远之，这是因为心机太多了，就成了心计，如果让大家觉得你是个有心计的人，就会少一些亲切，少一点凝聚力，这样的人怎么可能成就大业呢？因此，想要有所作为，一言一行中就要在热情和心机之间找到一个平衡点。

1. 把握好成熟的分寸

做人需要城府，成熟的人懂得把握分寸，凡事总能恰到好处。但是，太过成熟了，也未必是件好事，譬如瓜果，熟过了头，味道也就变了。做人太过成熟，就会心机太重，城府太深，老谋深算，叫人捉摸不透，难以相处。

2. 傻一点更可爱

"糊涂"加上人情味，绝对要比十足的"太精明"更容易得到好的回报。"吃亏就是占便宜"绝不是诱人的空话，学会从聪明到糊涂，从糊涂到聪明的巧妙转换，你就会在生活中左右逢源，不为生活所扰，不为人事所累。

3. 看淡与他人的利害关系

人与人之间的交往，要求的是问心无愧。不去害人，自然不怕被人害。保护自己的最佳方式，就是不与任何人形成利害关系，即便有，自己也要看淡，而不去针锋相对，拼个你死我活。当别人觉得你不会对他造成威胁时，才不会把心计的目光盯向你。

4. 放远你的眼光

聪明的人一般不计较眼下的区区得失，而是把眼光放长远，时刻有一个总体的目标，所有的努力都是为这个目标而服务的。虽然他们的很多行为让别人看起来都没有多大好处，甚至很吃亏，但是他们心里清楚，自己的努力将来肯定会得到巨大的利益回报。

聊天密语

一个人如果整天背负着过重的心机，那他的内心注定是沉重的、压抑的，他会活得很累。因为他们把大部分精力都用在了算计别人上，整日观察着别人的动静，打探别人的消息，打听别人的背景，然后计划着怎样与人接触，获得他们想要的东西……请问，在这样的生活里，他们哪有时间去享受人生的美好呢？

会装糊涂，消除对方的警戒之心

生活纷繁复杂，人们在变化莫测的世界要用足够的聪明智慧来权衡利弊，以防不测。但是，人有时候不如以静观动，守拙若愚，这种做人的艺术其实比聪明还要胜出一筹。聪明是天赋的智慧，而装糊涂更是聪明的表现，人贵在能集智与愚于一身，需聪明时便聪明，该糊涂处且糊涂。

刘邦灭楚后，萧何官拜宰相，这是论功行赏的结果，同时也把他推到了一人之下万人之上的境地。然而，他非常小心。在他被封为丞相的消息传出后，许多人都来向他道贺，而一个叫召平的人却提醒他："你要居安

第14章 学学装糊涂：糊涂的人更容易被接纳

思危，小心灾祸降临。如今皇上封你做宰相，手握兵权，这一方面可以讨好你，另一方面也是皇上防备你的做法。他离开京城，带兵打仗，若是现在你谢绝封赏，把自己的财产拿出来充当军费，皇上肯定会非常高兴，同时可以消除你在圣上心中的疑虑。"

萧何听后，仔细想了想，认为他的话还是很有道理的。随后，他按照召平的建议把自己的子弟送到军中，让他们跟随刘邦作战杀敌，同时又把自己的财产拿出来以充当前方作战经费，这使高祖放松了对他的戒备，同时对他的表现十分满意。

黥布叛变，高祖又让萧何留在后方，他亲自率兵去讨伐叛贼。萧何也不负所托，他尽自己全力安抚百姓，巩固民心。然而，他的勤恳却令某些人担忧，他们说："相国要小心，你这样容易遭杀身之祸啊！你入关已经十多年了，在收揽民心方面你做了不少事，人们都是从心底里敬重你。但是陛下就不同了，他知道你众望所归，就经常派人监视你的一举一动，生怕你对他有二心，背叛了他。现在，你如果想让全家人都平安无事的话，就要开始破坏自己的形象。使自己的声望降低，这样才能使陛下放心。"

萧何仔细一想，觉得大家说得挺有道理的。于是，他没收了百姓的土地，并做了一系列乱民、扰民的事情，以致百姓对他怨声载道，这样萧何的威信直线下降。也正因为如此，刘邦对他更加放心了。

伴君如伴虎，萧何得以保全性命全都是因为他善用装糊涂的招数。要是别人，居功自傲，不明白装糊涂的妙处，怕是人头早就落地了。

太聪明的人不见得是真聪明，尤其是处在那个伴君如伴虎的境地，如果萧何不懂装糊涂，那他就无法让刘邦安心，就会处处被怀疑，即便是功德无量，那也不免落下个心存不轨、身首两处的下场。

在待人处世中，许多时候装得迟钝一点、傻一点、糊涂一点，往往比过于敏感更有利。我们表现得对一切都精明过人，有时并不是好事，与其事事较真、逞强，倒不如"糊涂"一些。所以，有时装装糊涂，凡事不那么较真，反而更有利于事情的发展。

那么，在生活中，我们该如何巧妙地装装糊涂应对他人呢？

1. 不必处处较真

大部分的事情，可以用理智解决，但有时候则要"装糊涂"才能成事。为人处世中，一个人在非原则问题上不要计较，在细小问题上不必纠缠，对不便回答的问题可装作不懂，对危害自身的询问可假作不知，以理智和"装糊涂"平息可能发生的矛盾。

2. 懂得"明知故昧"

学会装装糊涂，懂得"明知故昧"。"明知故昧"说的就是明明知道的事情却装作不知道，看得清楚的东西却装作看不见，也就是虽明白一切，却故意装糊涂。在生活中，这从表面上看来是不好的态度，但作为一种明哲保身的方法还是可为的。

3. 不要夸张地自我炫耀

在你辉煌之时，若一味地展露才干，表现得完美无瑕，难免会遭人猜忌。他人防备的是你的才华和能力，而不是你的缺点和瑕疵。如果你不懂得装糊涂，不懂得急流勇退，就难免遭受压制，甚至搭上身家性命。

聊天密语

我们的人生路很长，什么事都可能会遇到，更不用提经常遇到的"难堪"或"尴尬"了。面对不如意的境遇，我们其实无须计较，无须烦心，装装糊涂，忍一下，无意间过去就可以了。暂时吃点儿小亏，作出妥协。这种糊涂，不但具有保护自己的功能，而且会让你更加放开眼量。

不要计较小事，糊涂一点又何妨

与人交谈，心胸宽广、言语大度是人之魅力所在，如果你在言辞中处处斤斤计较，与人针锋相对，那你终究是个失败者，你也成不了聊天高

第14章 学学装糊涂：糊涂的人更容易被接纳

手。说话没风度，这样的人极易被人远离。一个会聊天的人有着宽广的胸怀，他们不为一句话而恼怒，不为一件小事而爆粗口，不为一点得失而斤斤计较，因为他们知道，面对无关原则的小是非，适当地装装糊涂是最好的。

王贝贝和阿豪准备结婚了，他们决定买一套婚房。跑遍了城市的各大楼盘，终于选定了一套总价120万元的现房。房价虽远高于两人的工资水平，但阿豪说了，他负责首付，王贝贝负责装修和电器家具。阿豪家庭条件还不错，家里给他准备了一套二手房，不久前刚卖，就为了买婚房时付首付，那套房听说卖了60万元。

选好了房回家，王贝贝十分高兴，想着终于能跟相恋六年的阿豪拥有自己的房子了，这是每天做梦都盼着的事情啊！每天早上，王贝贝都是笑着从梦中醒来的。

在办理房子手续的那一天，阿豪准点到达，身后还跟着他的爸爸妈妈，王贝贝想着可能是准公婆担心他们办不好手续，前来帮忙吧。于是王贝贝满脸笑容地迎上去，婆婆亲热地挽起王贝贝的胳膊，他们一起走向服务台。

在办理手续时，工作人员问："房子写谁的名字啊？"

有说有笑的四口人突然间冷场，王贝贝觉得这是个很简单的问题，她和阿豪结婚房子当然是写他们两个人的名字，要不怎么是婚房呢？可阿豪却正为难地看着他爸妈。一时间大家陷入了一阵尴尬的沉默……

阿豪将王贝贝拉到一边，低声告诉王贝贝，他的父母希望房产证上只写儿子一个人的名字，因为老两口竭尽所能凑了整整80万元，所以希望能写阿豪的名字落个安心，以免将来出什么差错。

听阿豪这么一说，王贝贝明白了，心想：按照两人的约定，房子一到手，她就得出钱装修买电器买家具，这也是一笔不小的开支呢！那怎么算呢？而且，两人结婚了，房贷肯定是两人一起负担，虽说余下的钱和首付的80万元相比不多，可40万元也不是个小数目呀。想到这里，王贝贝有一种不被信任的感觉。

于是，当天房子的手续就没有办下来，王贝贝父母在得知后也非常生气，心想：我们把女儿都嫁给你们了，你们还这样计较，真是小心眼。双方为此事见了好几次面。王贝贝父母提出：如果房子只写阿豪的名字，那么房子后期的装修和其他一切开销都由男方承担才对，而阿豪父母却觉得装修至多也就花20万元，比起80万元太少了，如果一定要写两个人的名字，那王贝贝家应该也拿80万元出来。就这样在来回争执中，王贝贝伤心欲绝，她和阿豪之间的沟通越来越少，说不上三句话，话题就转到了房子的问题上，他们吵架的次数越来越多。后来，两个人不堪重负，选择了分手。

一段感情，相处了六年，却最终败在了钱的问题上，这令人惋惜，也令人心寒。试想一下，现如今，有多少人因钱而生疏，因钱而心生仇恨，其实，很多时候，我们在开口之前，是可以把事情谈好的，但是面对问题，很多人已然被愤怒和现实蒙蔽了，于是双方已然无法沟通，进而一段谈话走向终结。如果双方各退一步不那么斤斤计较，或许一切都可以达到一种和谐的状态，美好也不会因此而消散。

无论是情侣之间，还是朋友、邻里之间，甚至是陌生人之间，少一分计较，自己就少一分烦恼；多一点谅解，就能多一点和谐。针锋相对、咄咄逼人，不但会伤害他人，还会损坏自己的形象。所以说，开口之前，请平静一下自己的内心吧！

1. 说话做事懂抓关键

中国古代兵法有云："攻其要害，方能制敌。"这要害就是抓住事情的关键所在，分清轻重缓急。能够做到这一点，表面上再复杂的问题，都可以迎刃而解，再巨大的困难都可以克服。

2. 有隐忍之心

苏轼在《留侯论》中说："古之所谓豪杰之士者，必有过人之节。人情有所不能忍者，匹夫见辱，拔剑而起，挺身而斗，此不足为勇也。天下有大勇者，卒然临之而不惊，无故加之而不怒。此其有所挟持者甚大，而其志甚远也。"其实，如果你想做大事，你就要懂得忍耐，一点小事都忍

不了，那大担子压到你身上，你怎能承受得住？别人一句话就把你激怒，你还想做交际高手？

3. 做个心胸开阔的人

心胸开阔、性格开朗、潇洒大方、温文尔雅的人，会给人以阳光灿然之美；雍容大度、通情达理、内心安然、淡泊名利的人，会给人以成熟大气之美；明理豁达、宽宏大量、先人后己、乐于助人的人，会给人以祥和善良之美。聪明的人，知道如何去做一个心胸开阔的人。

聊天密语

在这个世界上走一遭，没有人是不会犯错误的，"人非圣贤，孰能无过"。这就是在告诉人们，与人相处就要互相谅解，经常以"难得糊涂"的低调态度自勉，不斤斤计较小事情才能成就大事业。

懂得故意犯错，你会更加可爱

王菲和乔娜娜是某电器公司的销售副经理，两人表面上关系融洽，却暗中较劲，因为双方都想在公司获得晋升的机会，得到更好的发展。

年底的时候，公司的销售总经理离职高就，总经理一职出现了空缺，公司决定从王菲和乔娜娜两人中挑选一位担任总经理。但令领导为难的是，不知该把这个职位留给谁。因为这两位女士业绩不相上下，工作能力都很强，领导一时陷入了两难，实在不知该选谁更为合适。后来，公司决定采用竞选演讲的方式来选拔人才。

王菲和乔娜娜都明白自己是提升的候选人，自此，乔娜娜开始更加卖力地工作，不允许自己有任何一点失误，而王菲除了一如既往的良好表现外，还做了一些小小的准备。

竞选演讲开始了,乔娜娜的演讲十分精彩,用词准确,激情四射,还提出了一些相当不错的想法。但一贯以讲话声音洪亮著称的王菲,却在开场白时突然声音嘶哑,在场的人面面相觑。王菲喝了一小口水,润了润嗓子后,又恢复了以往的洪亮声音,她借机调侃了自己一番,然后开始了风趣幽默的演讲。

最后的结果是,王菲获得了大家的一致好评,顺利晋升为总经理。

人们愿意结识那些优秀的人,但往往又会因为他们表现得太过完美而令人敬而远之。从另一个角度来说,那些具有优势的人往往会给人一种心理上的压力,但一个小小的错误,就可以很快降低或消除这种心理压力,拉近双方的心理距离。所以说,如果你想在聊天中让对方与你更亲近一点,不妨犯点无伤大雅的小错,这样他就会觉得你也是可爱的、可近的。

杜小龙在某公司做宣传工作,有一天,经理突然叫他把近期的一个项目做一个宣传计划书,然后完美地宣传出去,实现它最大的关注度。据知情人士透露,这其实是一次考试,它将关系到杜小龙是否还能继续在这个岗位待下去,本来对于这样的事情,他并不感到为难,但有了无形的压力,便不得不格外用心,杜小龙熬了一个通宵,写好后反复推敲,又抄得工工整整,第二天一上班,就把它放到了经理的桌子上。

经理当然高兴,速度快,字又写得遒劲、悦目,而且在内容、结构上也没有什么可挑剔的。可是,经理看到最后,笑容却收紧了。末了,经理把文稿退回,让杜小龙再认真修改修改,满脸严肃,真叫人搞不清什么地方出了差错。杜小龙转身刚要迈步,经理像突然想起了什么似的说:"对,对,那个'副经理'的'副'字不能写成'付',改过来,改过来就行,"就这么简单!经理又恢复了先前高兴的样子,一个劲儿地夸道:"这个工作做得不错,继续努力。"考试自然过关,还是优秀!

一点小错,无伤大雅,却能巧妙赢取领导的欢心,案例中的杜小龙的确是个聪明的角色。犯错是人之常情,只要不是有失原则的错误,其实,大多都是可以原谅的,有的错误不仅可以被原谅,反而更能讨人欢心,更让对方摒弃距离感,更能展示你的可爱、你的智慧,其实想想,这样的错

误,何不尝试着犯一下呢?

总之,善于处世的人,常常故意在明显的地方留一点儿瑕疵,让人一眼就看见他"连这么简单的东西都搞错了",这样一来,尽管你出人头地,木秀于林,别人也不会对你敬而远之。他一旦认为"原来你也有错"的时候,反而会觉得你更亲近,会缩短与你之间的距离。

1. 适当给他人发光的机会

在与人聊天时,要学会适当地犯一点无伤大雅的小错误,不要在人前显得过于完美,否则遮住了别人的光芒,往往会引起别人的嫉妒。故意犯错,让对方得意忘形,在对方正得意的时候,再发动读心战,这种读心战术往往会取得良好的效果。

2. 适当放下自己的架子

谦虚就会显得平易近人;朴实和气,对方就愿意与你相处;恭敬顺从,对方就会与你合得来,这种心理状态对你非常有利。相反,若以高姿态出现,处处高于对方,给人一种咄咄逼人的气势,对方心里就会感到紧张,而且容易产生逆反心理。

3. 做一个坦诚的人

在多数情况下,人们总是喜欢和一些坦诚、真实的人交往。如果对方勇于坦言自己的不足和缺点,我们反而会觉得他很坦率,心里会感觉更加踏实。自我暴露能够在一定程度上消除彼此的隔阂,使人与人之间能够互相理解与接纳,相处更加融洽、和谐。

聊天密语

聊天是讲究技巧的,该展示你聪明的时候,你就不要瞻前顾后,不该太精明的时候,你还是糊涂一点为好。很多时候,并不是越优秀就越能得到他人的喜欢,适当地犯点错,让人看到自己平常的一面,更有利于人与人之间的相处。

大智若愚，聪明人都懂的道理

郑板桥这样说："聪明有大小之分，糊涂有真假之分，所谓小聪明大糊涂是真糊涂假智慧。而大聪明小糊涂乃假糊涂真智慧。所谓做人难得糊涂，正是大智慧隐藏于难得的糊涂之中。"所以说，做一个聪明人的最高境界不是精明，而是"大智若愚"。

真正的聪明人都是懂得糊涂的道理的。无论遇到什么事情，他们绝不会自作聪明，大发议论，相反，都是装出一副所知不多的模样，躲躲闪闪伪装糊涂。实际上，他们心知肚明，懂得装糊涂的人，什么人也不会得罪，因此更能够逢凶化吉、左右逢源，并逍遥自在地生活。

许旭的公司新研发了一种产品，打算今日投放市场，但是因为宣传策划的创意不过关而被搁置了下来。老总非常生气，不仅狠狠地斥责了宣传部经理，还责令宣传部每人想出一个方案，最有创意的人将升任宣传部经理。

每个人都在精心准备，希望能一展身手、一举夺魁，坐上经理的宝座。许旭也熬了几个通宵，终于拿出了一个自认为无懈可击的完美方案。但是许旭并没有直接送交老总，而是去了经理的办公室。许旭先将自己的创意大致讲了一遍，然后说由于自己是新人，所以还有许多不足之处，恳请经理指导、修改。经理无奈，只得指点了几句，许旭如获至宝地说："经理就是经理，您一句话顶上我好几天的努力，多亏您指点，我现在感觉豁然开朗啊！"许旭乐滋滋地回到自己的座位，不久将修改好的方案拿去经理的办公室，说："经理，我将您的名字署在前面了，您不会有意见吧？这可都是您指导有方啊！"经理眉开眼笑，连连夸许旭孺子可教。

果然，这一方案得到了老总的首肯，经理也受到了表扬。不久，在经理的推荐下，许旭升任宣传部副经理。过了几年，经理升任副总，许旭也顺理成章地坐上了经理的位置。

许旭是个非常聪明的人，她深知这个方案的重要性，作为一个新人，

她没有在经理面前抢风头，而是巧妙地假装愚钝不懂去请教经理，进而一步步获取自己想要的东西。许旭不仅获取了自己想要的东西，也给足了经理面子，在自己受赞扬的同时也不忘让领导"沾光"，因此她得到了经理的信任，进而在经理的提携下步步高升。职场上，我们需要学习许旭，装一下"愚钝"，一言一行中千万不要为了耍威风而忽视了人际关系。

真正有大智慧的人，都是深藏不露的。他们从不彰显自己的特性，不炫耀自己的高深，越是有能力，越是放低身段，给人低调而内敛的感觉。在现实生活中用"聪明不露，才华不逞，藏巧于拙，用晦而明"等韬略来隐蔽自己的行动，也是一些成大事者必然选择的方式。

大智若愚的根本意思其实是说在处理重大事情上不可糊涂、不可随便，而在无关大局的小事上不应当过于认真、过于精明。任何时候，做人不妨内智外愚，迟钝木讷些，为人处世就更为顺畅一些。要做到这点，需要注意以下几个方面：

1. 不要自作聪明

有些人总爱自作聪明，生怕被人当作傻瓜，处处表现自己，处处争权夺势，其实常常是在上演一幕幕作茧自缚、引火烧身、自掘坟墓的悲剧。这些人可能会一招得逞，一时得势，但玩的终究是小聪明小把戏，是大愚若智。

2. 不要怕出丑

积愚成智，这是生活的哲学。我们应该牢记这句话，因为它道出了聪明的真意。大家想要有所成就，就不要怕"出丑"，因为只有"丑"才能印证成功后的"美丽"。如果你怕出丑，怕被人认为是愚钝，那你怎么可能达到大智若愚的境界？大家要做真正聪明的人，而不是做只会耍小聪明的人。

3. 不怕吃亏

吃亏不是不求索取、无所追求、无所作为，而是一种坦然，坦然面对理性中的得失和追求；是一种豁然，豁然面对悟性中的索取和作为。如果在得失面前，保持一种超然的心态、淡泊的情怀，就会有一分清醒、一分思考、一分期待、一分追求。吃亏也是一种修养，一种气质，一种境界。

4.保持自身的低调

低调做人，高调做事，是一代富商李嘉诚的为人处世态度，他为那些雄心勃勃的人树立了一个榜样：即使学富五才、才高八斗、富可敌国也要低调做人。飞扬跋扈，不可一世不仅不是成功者的品质，而且是职场大忌。大家要谨记这一点，不断修养良好的品质。

聊天密语

朋友们，糊涂真没什么不好，不论是为人处世，还是修养身心，糊涂的精髓就是大智若愚。糊涂的人懂得进退，糊涂的人懂得应变，糊涂的人懂得放下。在生活中，糊涂使人做人有人缘，做事有机缘，糊里糊涂的人总是笑到最后。

第15章

顺利玩转职场：在职场中聊出更棒的自己

一般来说，大多数人一生中很多时间是在职场中度过的，玩转职场可以说对一个人的人生价值及生活状态有着很大的意义。职场交际，很大一部分要看口才。聊得好，同事关系和谐，上下级之间交接顺利；聊得不好，同事矛盾不断，上下级之间无法顺利对接……那么，在职场中，如何交流才能让自己顺风顺水呢？看完本章，相信大家会有所启发。

跟领导聊天，该如何把话说好

说话谁都会，但要将话说到位，通过说话给人留下好的印象，却未必人人都能做到。在与领导相处的过程中，懂得说话的艺术极其重要。因为领导在单位里掌握着生杀大权，一不留神说错话，后果就可想而知了。所以说，一定要把握好和领导说话的技巧，在说话中拉近彼此的关系。

周末，李阳到张主任的家里拜访，开始，他与主任说起了公司的事情，但好像主任并没有多大的兴趣。李阳马上闭上了嘴巴，开动脑筋，并细心观察。突然，李阳看到阳台上摆着一盆美丽的盆栽，便说："好漂亮的盆栽啊！平常似乎很难见到。张主任，请问这是什么花呢？"张主任平时就喜欢摆弄花花草草，李阳的提问让他来了兴致："你说得没错，这是很罕见的品种，它是吊兰的一种。它真的很美，美在那种优雅的风情。"

李阳点点头："确实如此。但是，它应该不便宜吧？"张主任回答说："这个宝贝很昂贵的，一盆就要花五百美金。"李阳作惊讶状："什么？我的天哪，五百美元？那您每天都要给它浇水吗？我一直很喜欢盆栽，但却对此一窍不通，我能向您请教，您是如何培育出这样美丽的盆栽的吗？"张主任似乎很享受自己被请教的感觉，他回答说："是的，每天都要很细心地养育它……"

张主任开始向李阳倾囊相授所有与吊兰有关的知识，而李阳也聚精会神地听着。

最后，张主任很感慨地说道："就算是我的太太，也不会听我嘀嘀

咕咕讲这么多的，而你却愿意听我说了这么久，甚至还能够理解我的这番话，真的是知音啊！""主任您太客气了，我应该谢谢您啊！您的一番讲解让我学到了很多知识，我之前听都没听过呢，如果有时间，我非常希望能多听听您种植兰花方面的经验，相信以后我也会在您的指导下养出更多更美丽的花儿。"张主任听了非常开心。

与领导聊天，你要懂得分寸和技巧，让他喜欢你、欣赏你、乐于与你交谈，这样你们的上下级关系才会更为顺当。李阳是个聪明的人，在与张主任聊天时，他善于发现并巧妙利用他的兴趣，通过一系列的请教、提问，终于获取了张主任的欢心。可以说，这段聊天是非常圆满的。

与上级的关系处理好，为公为私均有很大好处。在公事上，由于双方建立了一定程度的友谊，在合作上会较为默契，减少了许多不必要的误会，提高了工作效率。在私事上，上司对下属的了解程度越高，便越能获得安全感，他会认为一切都在他的掌握之中，调动自如。

那么，对于和领导聊天的问题，我们该如何巧妙把握呢？

1. 不要和领导抢话、争风头

下属有真知灼见希望尽快发表出来，这种心情是可以理解的。但下属同样也要给领导发言的机会，不能迫不及待，在领导侃侃而谈时，硬是卡断他的话头，让自己一吐为快；或者领导正欲发言时，下属捷足先登，畅所欲言使领导已到嘴边的话硬是咽回去。

2. 保持独立人格，不卑不亢

虽然下属和上司之间有地位的差别，但是每个人都有独立的人格。在保持独立人格的前提下，下属应采取不卑不亢的态度和领导说话。在必要的场合，也不必害怕表达自己的不同观点，只要下属是从工作出发，摆事实、讲道理，领导一般会予以考虑。

3. 越级的话千万不要说

在说话的过程中，一定注意不要乱说越位的话。只有说符合自己角色和岗位的话，才显得恰当；倘若总喜欢说些超越自己权限的话，就未免会遭到领导的质疑和同事的反感，给工作带来不必要的影响。

4. 善于汇报工作

一个优秀的下属必然是一个善于汇报工作的人，因为在汇报工作的过程中，他能得到领导对他最及时的指导，从而更快地成长，也能在汇报过程中，与领导建立起牢固的信任关系。所以，最好用领导易于接受的方式向领导请示汇报，如此你才能营造良好的职场氛围。

聊天密语

每个人都应该知道，说话是一门艺术，是一种技巧，如果你和领导聊天不懂说话技巧，那你就很难得到领导的赏识与认可。所以说，你应掌握好跟领导说话的分寸，做一个会交际的职场人。

跟同事聊天，该如何把话说好

对于一般的上班族来说，每天见得最多的就是同事了，早上来到公司，下午离开公司，和同事相处的时间真的很长。与人相处，免不了聊天，即便是工作时间，大家在闲暇或休息时也不免和同事说些私事，但是如果把握不好说话的尺度，就会给自己带来不必要的麻烦。因此，与同事交流必须掌握好分寸与技巧。

吴浩本是个心直口快的人，所谓的含蓄婉转，向来不会，所以经常得罪同事。一次，饮水机没水了，他对同事洋洋说："洋洋，饮水机没水了，你快换一桶吧，大家都忙着，我看你比较清闲。"洋洋一听不高兴了："我比较清闲？我看你才闲得难受呢，我在考虑我的设计方案好不好？"吴浩碰了一鼻子的灰。

吴浩又跑到销售部："经理啊，您快别忙了，抓紧帮我把这个月的市场调查小结写一下吧。"

经理头也没抬，冷冷地说："这是升职了啊，就是不一样了，说话的

第15章 顺利玩转职场：在职场中聊出更棒的自己

底气都足了。"

显然经理生气了。吴浩想，我也没说什么呀。他顺手拿起打印机旁的一份《客户调查表》，问："这是谁制的表？"

经理的助理夺过表格："你什么意思？"

当天，几个同事在一起谈话，让吴浩说一说对公司管理的看法。吴浩犹如竹筒倒豆子，噼里啪啦一吐为快："其实，我觉得有很多地方需要改进，比如，我们公司的管理非常混乱，有令不行、有禁不止，简直就是一个乡下企业，还有……"大家顿时不爱听了，认为吴浩话里有话，似乎同事们都是坏人，就他一个人是好人。

一会儿，同事大力问吴浩，某某事情可不可以拖一天，因为手头有更重要的事在做。"你觉得呢？这个还能讨价还价吗？"吴浩声色俱厉地说，"任何事情找理由都是无能的表现，要记住，这些事都是自己的本职工作，反正又不是给我做，你看着办！"

大力也不甘示弱，说："吴浩，请注意你的语气和言辞，别太把自己当回事！我就是没时间！"

吴浩气得发抖，说："难道我说得不对吗？本来就是你不好，我不过实话实说。"

吴浩正在生气的时候，副总走进来对他说："吴浩，不知道你晓得不，大家私下里都叫你西伯利亚寒流。"

吴浩笑了："什么意思呀？"

"因为你说话总是冷冰冰、硬邦邦的，掷地有声，不注意措辞，经常令人难堪。"

吴浩一下子把头低下了，他认识到自己没有修炼好说话工夫，难怪大家都不喜欢他。在此之前，他还以为是自己工作出众，同事们妒忌他呢。原来是自己"吃了火药"，说话太冲，杀伤力太大。

和谐的同事关系让你和你周围同事的工作和生活都变得更简单、更有效率。同处一个屋檐下，抬头不见低头见。如果让任何一个人破坏了你的心情，说不定将来吃亏的是你，而不是别人。因而，保持和谐的同事关系是非常有必要的。

同事之间交往，语言交流很讲究技巧。同样的交流目的，如果表达方式不同，造成的结果就会大不一样。一个会和同事说话的人，深受大家欢迎，也能为自己的工作开创良好的局面。那么，与同事说话要注意哪些事项呢？

1. 玩笑要有所回避

金无足赤，人无完人。也许你自以为很了解同事，和他是好朋友，所以随意地取笑对方的缺点，可是这些玩笑话很容易使对方不悦。倘若同事是一个比较敏感的人，你会因一句无心的话而触怒他，致使两个人产生隔阂，使同事关系变得紧张。

2. 办公室别谈私生活

无论得意还是失意，都不要把情绪带到办公室里。在办公室里肆意聊天容易只逞一时口舌之快而忽略了对象，以致成为受制于人的把柄。所以，在办公室别谈私生活。职场上风云变幻，把自己的私域圈起来当成办公室话题的禁区，是竞争压力下的自我保护。

3. 闲谈时，切忌背后议论

只要是人多的地方，就少不了闲言碎语。有时，你可能会在不知不觉间成为"放话"的人；有时，你也可能成为别人"攻击"的对象。这种背后的声音，比如，谁最得上司的信赖、谁有新闻，就像噪声一样，影响工作情绪。你要懂得，不该说的要坚决保持沉默。

4. 不要过度炫耀自己

如果你在交谈中表现出"万事通""全能"，到时定会打自己的嘴巴，砸自己的脚。因为交谈是相互了解、相互交流的方式，而不是表现学识渊博、见识广泛的舞台。更何况老子曾说过："言者不知，知者不言。"交谈中什么都说的人其实什么都不知道。

聊天密语

与同事相处，说话的分寸一定要注意，否则你极易葬身职场。我们不能不说，这样会让自己显得过于孤立；但也不能说多，说多了危险更大。作为一名成年人，要想对自己负责，还是少说工作之外的私事，不该说的话保持沉默为妙。

跟下属聊天，该如何把话说好

很多管理者，以为既然自己是领导，说话不用那么顾虑重重甚至可以随心所欲了。其实，这是错误的想法。领导说不出精彩的话，倒也可以理解，但说出了蹩脚的话，就会失去领导权威，甚至招人笑话。作为领导，在说话时除了要体现出自己作为管理者的权威之外，还有一个很重要的方面就是不能因为自己说错了话，让自己的领导形象一落千丈。

王倩倩是某家公司的员工，常因业绩不错而自傲。有一次，王倩倩认为应该改进一项具体的工作流程，于是就向严主管提出了方案。但主管没有理睬她，反而觉得她爱管闲事。

可是，王倩倩对自己的想法很肯定，便私自改进了工作流程。主管发现后，很严厉地批评了她，王倩倩并不认为自己的做法有什么不对，与严主管进行争辩。主管反映到经理处，经理也批评了她。但王倩倩一意孤行，拒不接受对她的任何处罚。

经理不得已将此事上报了老板。老板了解了情况后，找王倩倩谈话。在整个谈话过程中，老板都没有批评王倩倩，反而让王倩倩说出自己的想法，王倩倩便谈了很多关于现行工作中存在的问题，并提出了解决方案。老板也以朋友的方式与王倩倩交流，由于感受到老板对自己的尊重和重视，王倩倩的情绪也有所缓解，承认自己也有做得不对的地方。最后，王倩倩表示愿意为自己的错误接受处罚。

在王倩倩高兴地离开后，老板与经理、严主管沟通了一下，重新制定了对王倩倩的处罚方案，王倩倩欣然同意了。此事之后，王倩倩的态度有了很大的变化，恃才自傲的毛病没有了，取而代之的是谦虚谨慎的工作态度，还积极配合严主管的工作。

如果你是领导，那么你就不得不与你的下属进行有效的沟通。沟通艺术是领导艺术中非常重要的一种。你只有掌握了这门艺术，才能成为一个好的领导。但很多领导与下属之间出现了沟通上的问题，这不仅对个人产生了很不利的影响，而且也阻碍了工作的顺利进行。案例中，面对王倩倩的问题，严主管和经理都是消极应对，一味批评，这样的领导方式是不正确的，大家应该学习一下老板的所作所为，给予员工充分的尊重和重视。这样一来，不仅消除了员工的消极情绪，还让员工在工作中投入更多的激情，此外，即便面对惩罚，对方也欣然接受。这就是懂聊天、会聊天的艺术。

人的工作最难做，但又必须做好。领导与下属打交道、布置工作，都要看准之后把话说到位，不能不注意下属的心理变化而一味猛说乱嚷，导致下属与领导之间产生隔阂，甚至结怨。因此，领导在与下属谈话之前，要把他们的脉号准，使得谈话能够谈出个好结果。

1. 注意自己的语气

同是一种意思，同是一个出发点，但若表达得过于激烈，便会伤害到对方的自尊。上司若是经常地伤害下属的自尊心，便会产生许多负面影响，使下属离心，连带着沟通障碍也就产生了，这会影响公司的业务进展，甚至会影响上司本人的工作。

2. 学会赞美下属

赞美的艺术，应该是管理者必备的一项能力。下属工作出现问题，应该看到他好的一面；工作完成得出色，则不要吝啬你的赞美，当众表扬一下，一来增强他的信心，二来也可以触动其他员工，此外还能让他对你更尽心。

3. 打一巴掌，给个甜枣吃

老板发火时要注意分寸，不宜把话说过头，否则就达不到说服的目的，反而会引起公愤；还不应当众揭短，伤人之心，否则会导致事后难以弥补。一个高明的老板，最好采取"打一巴掌，给个甜枣吃"的高明手段，既敢于发火震怒，又有善后安抚的措施。

4. 鼓励下属表达思想

谈话是双方的，如果一方对另一方的讲述予以积极、适当的反馈，就会使另一方津津乐道，使谈话融洽、深入。领导与下属谈话时应注意自己的态度，充分利用一切手段，如感情、插话、姿态和感叹词等来表达自己对下属所讲的话很感兴趣。

5.树立平等的意识

领导者与下属在人格上是平等的，双方职位不同，并不等于双方人格上有高低贵贱之分。有句话说得很好："伟大来源于对待小人物上。"尊重你的下属，平等真诚地与你的下属沟通，你所获得的将是不断增进的威望。

聊天密语

把握好与下属交流的分寸，对上司塑造自己的威信是非常重要的。因为上司与下属之间的沟通基本上是建立在口头上的。要想让下属真正领会、欣然接受并切实执行自己的命令或建议，就要把握与下属说话的分寸。

会为领导解围，懂得维护权威

有一家公司新招了一批员工，在老板与大家的见面会上。老板逐一点名。

"王曜。"

全场一片静寂，没有人应答。

一个小伙子站起来，怯生生地说："老板，我叫王耀，不叫王曜。"

人群中发出一阵低低的笑声。

老板的脸色有些不自然。

"老板，对不起，我是公司的打字员，我在打字的时候打错了，是我的失职。"一个精干的姑娘站了起来，说道。

"你看看你，这样的错误怎么能犯呢？以后可得细心点。"老板挥挥手，接着念了下去。

没多久，那个主动揽错的姑娘被提升为公关部经理。

大部分当领导的人都是比较爱面子的，特别是在下属面前。如果他在公共场合遭遇尴尬，那定会令他非常沮丧难堪。这个时候，作为下属要是能站出来帮领导解围，缓和一下尴尬气氛，领导会对你心存感激。相反，你要是在旁边看笑话，领导对你的印象将大打折扣。

赵庆一直是单位默默无闻的小职员，有什么好事从来没有人会想到他的头上去，当然坏事也从来不会找到他的头上。在办公室里，赵庆的地位接近于最纯正的自然状态，就是一个可有可无的角色。

进单位工作已经有一年多了，除了和赵庆有工作往来的三四个同事，单位里就没有人知道还有他这样一个人。这一点使赵庆也很郁闷，因为自己的不善言辞吃了很多亏。像这样在单位的工作状态，干一辈子也难有出头之日。

人生有很多时候会发生一些很意外的事情，比如说，赵庆就遇到一个难得的机会。一次，因为下班比较晚，他遇到了正往办公室走的王经理。王经理看了赵庆半天，问道："小伙子，你是咱公司的职工对吧？"赵庆连忙回答是的。王经理笑着说："那太好了，我今晚上有个应酬，还担心没人一起去参加呢，你快收拾收拾，跟我一起去一趟。"

赵庆和王经理一起来到一家酒店。落座之后，大家开始喝酒。因为赵庆要照顾王经理，几乎没怎么喝酒，他只是一直看着王经理他们之间在怎样交谈，他觉得，这样可以学到很多平时接触不到的社交礼仪。

回单位的时候，王经理在办公室门口呕吐了一地，那强烈的气味让一些上夜班的员工闻到就赶了过来。这个时候，王经理已经很清醒了。

赵庆却开始装醉，嘴里不停地絮叨我没醉，我还要喝。大家都以为是赵庆喝醉了，吐了一地。

后来，赵庆很仔细地打扫了地板，送王经理回家休息。王经理对赵庆的印象是深刻而美好的。很快，赵庆获得了升职的机会，而且因为王经理的提携和帮助，赵庆的工作干得顺风顺水。而这一切其实都源于那一次为王经理摆脱困境、化解尴尬的经历。

可见，替领导解围不仅能让领导化尴尬为愉快，也能为自己带来诸多好处。所以，在职场中，我们不能持有冷眼旁观的思想，应该学习那些机智的人，做善于替领导解围的"及时雨"，随时准备为领导伸出援手。

第15章
顺利玩转职场：在职场中聊出更棒的自己

智者千虑，必有一失。上级是人不是神，决策也难免会有失误之时。此时，会共事的下属，应该适时大胆地站出来为上级做解释与协调工作，为上级挽回面子。关键时刻把错误揽在自己身上，给足上级面子，这样的下属不是投机钻营，而是真正了解上级的所想所需。

总之，简简单单的一句话，需要你的勇气和智慧，如果说好了，你的光明之路从此展开。所以，我们要把握各种说话的时刻。在领导最需要的时刻，在领导难堪的时候，聪明的你，不妨学会及时勇敢地站出来，为他排忧解难，解除尴尬和困窘。

1. 甘心淡化自己的地位

在职场舞台上，领导是名副其实的"一号主演"。下属要建立与领导共同拥有的舞台，就一定要淡化自己的"主演"情结，甘心做配角。聪明的下属往往懂得尊重领导、维护领导，因为他们知道这样做往往得大于失。

2. 巧妙"插话"

一般情况下，打断他人讲话是不礼貌的，但在某些特殊的情况下，打断他人讲话，却是在帮他的忙。当他人正因为某个话题陷入困境的时候，如果我们适当地插入，不仅不会引起他的反感，还可以替他解围。

3. 解围不等于奉承

要注意的是，在领导面前，"打圆场"不是不着边际的奉承，也不是油腔滑调的诡辩，它是一种说话的艺术。认真学习并掌握这种艺术，注意在特定的场合中"察言观色"，适时得体地"打圆场"，才能有效地摆脱尴尬和烦恼，让双方都满意。

聊天密语

人生在世，谁也避免不了犯点错、遇上点尴尬事，领导也如此。每当这个时候，如果你能够挺身而出，通过几句妙语，适时地为领导搭好台阶，让他们从尴尬中全身而退，领导一定会对你心存感激，信任度陡升。经此一事，你日后的升职、加薪自然也就不在话下。

参 考 文 献

[1]陈建伟. 超级聊天学：为中国人量身定制的口才实操指南[M]. 北京：中国华侨出版社，2015.

[2]吴琦. 聊天是门技术活：化偶遇为机遇的聊天术[M]. 北京：人民邮电出版社，2014.

[3]高春燕. 聊天是一种非凡的能力[M]. 北京：中国电力出版社，2015.

[4]张心悦. 永不冷场的人生：把偶遇变成机遇的聊天术[M]. 北京：北京大学出版社，2013.